La dynamique
amoureuse
entre désirs et peurs

Rose-Marie
Charest

La dynamique
amoureuse
entre désirs et peurs

www.quebecloisirs.com

UNE ÉDITION DU CLUB QUÉBEC LOISIRS INC.
Avec l'autorisation des Éditions Bayard Canada.
© 2008, Bayard Canada Livres
Dépôt légal – Bibliothèque et Archives nationales du Québec, 2009
ISBN Q.L. : 978-2-89430-913-1
(Publié précédemment sous ISBN 978-2-89579-169-0)

Imprimé au Canada par Friesens

À Gabriel,
pour l'amour
tissé au quotidien

À Dorothée,
pour la femme
qu'elle devient

Sommaire

INTRODUCTION   9

LA RENCONTRE

Les jeux de l'attrait   15

Comment se forge la capacité d'entrer en relation ?   55

L'ÉVOLUTION DE LA RELATION

Les composantes de la relation   115

Les changements et les crises   141

LE DÉSIR DE DURER

Pourvu que ça dure...   163

La rupture   211

CONCLUSION   239

NOTES   245

INTRODUCTION

Les développements sociaux, scientifiques et technologiques des dernières décennies nous permettent d'avoir un plus grand contrôle sur notre vie. La sphère amoureuse n'y échappe pas : nous pouvons changer de conjoints plusieurs fois dans une vie, nous avons facilement accès à une foule de partenaires possibles, nous décidons d'avoir ou de ne pas avoir d'enfants, les hommes ne sont plus nécessairement pourvoyeurs et les femmes ne sont plus dépendantes du mariage pour leur survie économique. Pourtant, une telle liberté ne semble pas engendrer le bonheur auquel nous aspirons.

Les plaintes les plus fréquemment entendues, au cours de mes trente années de pratique clinique, portent sur la vie amoureuse, à ses différentes étapes. De plus en plus d'individus, surtout des femmes mais aussi des hommes, viennent consulter parce qu'ils n'arrivent pas à former un couple. Cette insatisfaction entraîne parfois une détresse importante, particulièrement chez celles qui craignent d'avoir à faire le deuil de la maternité. Certains couples viennent demander conseil pour résoudre leurs problèmes, parfois après s'être fait beaucoup de mal, eux qui pourtant s'aimaient ou s'aiment encore. Pour d'autres, la consultation apparaît comme une dernière chance avant d'envisager la séparation. Il y a aussi toutes les personnes qui recherchent de l'aide parce qu'elles vivent ou ont vécu une rupture dont elles n'arrivent pas à se remettre.

Dans une société qui permet et valorise l'autonomie, voire l'individualisme, il est normal que, face à la peur de souffrir ou en situation de conflit, le repli sur soi apparaisse comme la première des solutions. Efficace à court terme, une telle réaction ne permet toutefois pas le développement des liens souhaités. Elle empêche souvent l'accomplissement des projets de vie les plus chers. Elle entraîne beaucoup de souffrance, même chez ceux et celles qui jouissent d'une bonne santé mentale.

C'est avec ces personnes et ces situations en tête que j'ai entrepris ce livre. Les trois parties correspondent aux trois grandes étapes de la relation : la rencontre, l'évolution et, finalement, la durée ou la rupture. La compréhension courante de la première étape est ici élargie pour mettre en évidence ce qui échappe à l'œil nu, non seulement dans le moment de la rencontre, mais dans ses propres désirs et peurs. Le lecteur et la lectrice seront invités à s'interroger sur ce qu'ils recherchent vraiment aussi bien que sur ce qu'ils fuient. Dans la deuxième partie, l'évolution de la relation est abordée à travers ses principales composantes : la passion, l'intimité et l'engagement, tout en tenant compte des crises que vit un couple. Celles-ci peuvent être provoquées par des événements accidentels ou extérieurs, mais elles peuvent aussi provenir de l'évolution des personnes elles-mêmes.

La troisième partie démontrera que le désir que la relation dure ne suffit pas. Certaines attitudes et conditions s'avèrent plus favorables que d'autres. Au bout du compte, la rupture peut se révéler le meilleur ou le pire des choix.

On constatera dès le départ que les racines de nos liens amoureux ont pris vie il y a bien longtemps, dans d'autres relations. Cela ne veut pas dire que nous ne pouvons plus rien y faire. S'il est vrai que la qualité de nos premières attaches affectives est déterminante, il serait faux de prétendre que nous sommes impuissants face à ce qui se passe dans nos histoires d'amour. C'est pourquoi j'ai voulu articuler ici ce qui vient du passé et ce qui est là, dans le présent, dans nos attitudes et nos comportements. En prendre conscience est le premier pas à faire pour effectuer des choix plus libres et plus constructifs, dans notre vie amoureuse comme ailleurs.

Je n'ai pas la prétention d'apporter toutes les réponses à des questions aussi complexes que celles que pose la dynamique amoureuse. À partir des connaissances acquises dans ma formation en psychologie, au fil de ma pratique clinique, de mon expérience de vie et de mes observations au quotidien, j'ai formulé des pistes de réflexion et parfois des solutions à envisager. Chacun, chacune devra poursuivre le travail pour son propre compte : voir ce qui lui ressemble comme explication, ce qui lui convient comme solution.

Il ne s'agit pas ici d'un traité scientifique. Certaines références spécifiques sont données parce qu'elles constituent la source d'un thème en particulier. La bibliographie, bien que non exhaustive, contient une liste des principaux ouvrages qui m'ont été utiles et qui pourraient intéresser le lecteur ou la lectrice.

Tout au long de la rédaction, et en particulier dans les moments de doute, j'ai choisi ce qui était le plus susceptible de favoriser la compréhension du rôle actif de chacun et chacune dans la dynamique amoureuse. J'ai une grande confiance en la capacité de changement de l'être humain qui cherche : il trouve, puis de nouveau s'interroge, trouve encore et ainsi de suite. Je souhaite sincèrement et en toute humilité apporter ma contribution à cette démarche sans fin qu'est notre quête de bonheur.

PREMIÈRE PARTIE

La rencontre

CHAPITRE 1
Les jeux de l'attrait

Dominique a 47 ans. Elle a été mariée pendant vingt-deux ans et s'est séparée, il y a cinq ans. Son fils unique vient de quitter la maison. Depuis un certain temps, elle pense à chercher un homme avec qui vivre une relation. Grande lectrice de journaux, elle parcourt la section « personnel » des petites annonces. Quelques descriptions retiennent son attention. Elle écrit de belles lettres aux intéressés, y joignant sa photo et demandant la leur en retour. Elle reçoit plusieurs réponses, dont l'une retient suffisamment son attention pour souhaiter faire la connaissance du signataire. Elle est frappée par la douceur qui se dégage de son message, caractéristique qu'elle recherche chez un homme. Lorsqu'elle rencontre Yvan, elle éprouve une déception incompréhensible en lui serrant la main. Il est pourtant assez beau et très gentil. La conversation est agréable, mais quelque chose fait qu'elle ne se sent pas attirée. C'est physique, mais quoi ?

Richard a 40 ans et il a voulu jouir de sa liberté le plus long-temps possible. Ses amis sont mariés ou en couple et la plu-part ont des enfants. Sa dernière rupture a été difficile, mais il se sent maintenant prêt à établir une relation stable et à avoir des enfants, peut-être. Aucune femme de son entourage ne correspond à ce qu'il recherche pour vivre une relation à long terme. Il décide donc de consulter Internet. À sa grande surprise, il y trouve un grand nombre de candidates qui cor-respondent à ses critères : libres, sans enfant, belles, indépen-dantes, sportives et qui partagent ses goûts pour la musique. Il communique avec quelques-unes et trouve Hélène parti-culièrement intéressante. Il est de plus en plus euphorique à l'idée d'avoir trouvé « la » femme qui lui convient. Il a à la fois hâte et peur de la rencontrer. Hâte de la voir de près, peur de ne pas être à la hauteur ou d'être déçu. Ils ont échangé des photos. Ils savent donc que l'apparence physique ne pose pas de problème. Le dimanche suivant, ils se rencontreront pour un café en après-midi. Quand Hélène arrive au rendez-vous, elle lui paraît encore plus belle que sur la photo. Elle est sûre d'elle, choisit une table près de la fenêtre et amorce la conver-sation. Richard est impressionné par son aisance. Elle parle beaucoup, ce qui lui convient parce qu'il ne sait pas trop quoi dire, lui pourtant si volubile d'habitude. Hélène a 32 ans. Elle gagne bien sa vie et elle est seule depuis plus de deux ans. Elle souhaite vraiment rencontrer un homme avec qui vivre une relation stable et elle veut des enfants. Elle questionne Richard sur son travail, ses intérêts et ses relations passées. Elle semble vraiment s'intéresser à lui, ce qui le flatte. La conversation devient de plus en plus détendue et enjouée. Ils se quittent après avoir passé un bon moment ensemble et en promettant de se revoir bientôt. Hélène appelle ses amies pour leur raconter sa trouvaille. Richard reste perplexe. Il trouve beaucoup de qualités à Hélène et il sent qu'il serait fier de la présenter à ses amis. Par ailleurs, il ne sait pas trop pourquoi, mais il a senti un certain malaise en sa présence et se demande de quoi est fait ce malaise.

Au travail, Louise fait équipe avec un collègue intelligent et qui a de l'humour, ce qui fait qu'elle a beaucoup de plaisir à travailler avec lui. Quand elle parle de lui à sa sœur, celle-ci la sent enjouée et lui demande s'il l'intéresserait comme partenaire. Louise dit qu'elle n'a jamais pensé à lui en ces termes. Il lui a souvent fait comprendre qu'il était libre, ce qui peut dénoter un certain intérêt de sa part, mais bien qu'elle l'apprécie, il ne l'attire pas. Louise est amoureuse de quelqu'un dont sa sœur connaît l'existence, mais qu'elle n'a jamais rencontré. Elle en parle comme de son amant mystère. Elle sait qu'elle ne pourrait pas vivre une relation de couple avec lui, car non seulement il fait partie d'un autre monde, mais il a une attitude dominatrice qui va à l'encontre de ses valeurs d'égalité homme-femme. C'est plus fort qu'elle, il l'attire et prend toute la place dans ses fantasmes. Cependant, la question de sa sœur fait son chemin...

Trois histoires de rencontre, assez courantes dans la vie d'aujourd'hui. Comme Dominique, Richard et Louise, nous éprouvons tous, à un moment ou l'autre, le désir de construire des relations et, plus précisément, une relation amoureuse. C'est le lien le plus susceptible de répondre au plus grand nombre de nos besoins et de nos aspirations : sexualité, vie familiale, statut social et même économique. Qu'elle suscite rêve ou désillusion, bonheur ou déception, la relation amoureuse reste parée de tous les attraits pour la plupart des adultes qui se retrouvent seuls.

Pour qu'elle existe, il faut d'abord une rencontre. Celle-ci prend aujourd'hui des formes de plus en plus variées : Internet, agences, soupers pour célibataires, etc. Certains font appel à leur réseau d'amis pour faire de nouvelles connaissances, d'autres se mettent en mode « séduction » à temps plein. D'autres encore choisissent de rester tout simplement ouverts et disponibles. De toute façon, la méthode sûre à 100 % n'existe pas. Non seulement elle n'existe pas, mais ce qui donne des résultats pour l'un peut se révéler infructueux pour l'autre. Et la raison de cette différence échappe souvent aux personnes elles-mêmes.

Les résultats de ces rencontres, quelle que soit la méthode d'approche utilisée, sont parfois difficiles à comprendre : une amie vous présente son nouvel amour et vous vous demandez ce qu'elle lui trouve. Vous rencontrez quelqu'un qui correspond objectivement à vos critères et vous ne ressentez rien. Vous présentez une amie à un collègue, pensant qu'ils devraient trouver l'un chez l'autre ce qu'ils recherchent, mais ils n'éprouvent pas d'attrait. Il s'agit pourtant de personnes qui savent ce qu'elles veulent ou, du moins, croient le savoir. Qu'est-ce qui se passe… ou ne se passe pas ?

Certains diront que dès les premières minutes ou dès les premiers rendez-vous, ils ont su que ça ne marcherait jamais… ou que ça allait marcher et que ce serait pour la vie. Que s'est-il passé ? Pourquoi y a-t-il eu attrait spontané ou fuite à toute allure ? Pourquoi, malgré l'incertitude ou l'hésitation, des femmes et des hommes ont-ils consenti à la patience et au désir d'en savoir plus avant de prendre une décision ?

La dynamique de l'attrait est fort complexe… et double : deux façons d'être au monde, deux histoires, deux caractères entrent en contact et s'influencent. De plus, toutes les dimensions de la personne sont alors touchées ou interpellées : le corps, les couches plus ou moins profondes du psychisme, le fonctionnement affectif, la personnalité dans ses dimensions intime et sociale... La rencontre se situe à l'intersection de toutes ces composantes, chez l'un et chez l'autre. De la même façon que pour créer tel être vivant il faut ce spermatozoïde-ci et cet ovule-là, pour créer cette relation précise, il faut le rendez-vous de ces deux êtres-là, à ce moment précis de leur parcours. Chaque relation a son identité propre, son histoire particulière. Oui, certains scénarios semblent se répéter. En réalité, ils ne sont jamais tout à fait les mêmes, mais ils possèdent des points communs.

Les rencontres débouchent sur des issues bien différentes : certaines s'épanouissent en relations heureuses, d'autres dégénèrent en situations douloureuses, voire destructrices. D'autres encore constituent des non-lieux. Dans chacune de ces catégories se déploie tout un éventail de possibilités. Une rencontre qui a suscité une relation heureuse, par exemple, a dû traverser son lot d'exigences, de peines, d'adaptations, voire de deuils. Alors qu'une autre, qui a connu une histoire malheureuse et même destructrice, peut malgré tout laisser le souvenir de grandes joies, ce qui explique que la relation ait duré si longtemps. Les rendez-vous qui se sont révélés infructueux ont tout de même eu lieu, du moins suffisamment pour que l'on aime en parler. Toutes ces rencontres méritent que l'on y réfléchisse, parce que toutes ont constitué des expériences non négligeables dans notre vie.

On peut dire sans trop risquer de se tromper que dans les premières heures du tête à tête ou dans les premiers rendez-vous se trouve le germe de ce qui va suivre. Il suffit d'écouter une personne nous parler d'une relation qui prend fin : « J'aurais dû m'en douter... Dès le début, j'ai senti que... » Bien sûr, la relation évolue ainsi que les personnes qui la composent, mais l'essentiel de ce que sont ces personnes, de ce qu'elles peuvent et veulent investir et retirer de la relation est présent dès le départ. C'est pourquoi il est si intéressant d'observer la rencontre en elle-même et d'en dégager tous les enseignements utiles.

LES YEUX OUVERTS

Le contact se fait d'abord dans un cadre extérieur : un lieu, un moment... qu'il soit le fruit du hasard, d'une décision ou d'un plan bien établi. Ces détails peuvent sembler anodins, mais ils disent déjà quelque chose des personnes qui se retrouvent. Ils peuvent aussi influencer les décisions qui seront prises, à la suite de cette première ou des premières rencontres.

Rencontre de hasard ou démarche volontaire

Ni Dominique ni Richard n'ont choisi de s'en remettre au hasard. Dominique a épluché les petites annonces, Richard est allé sur Internet. Le cas de Louise est différent : c'est la vie professionnelle qui l'a mise en contact avec ce collègue qu'elle apprécie. Pour d'autres, l'imprévu prendra la forme d'une course à l'épicerie, d'une promenade avec le chien dans le parc ou même d'un accident de voiture !

Le hasard a sa part dans toute rencontre, bien que celle-ci soit parfois difficile à mesurer. Ce que nous sommes joue cependant un rôle bien plus grand, et la meilleure des chances peut être esquivée ou passer inaperçue. De même, certaines malchances pourraient être évitées. Vu de l'extérieur, il est parfois évident que telle personne vient de passer à côté de ce qui la rendrait heureuse ou que telle autre commet toujours les mêmes erreurs.

La rencontre amoureuse semble toutefois comporter un degré d'aveuglement élevé, dû au niveau d'émotivité qui lui est propre. Le hasard est alors invoqué pour expliquer ce qui échappe au contrôle volontaire. Or, si seule la mathématique des probabilités était en jeu, il suffirait d'augmenter le nombre de rendez-vous pour finalement tomber sur la bonne personne. Certains le font : ils multiplient les contacts, utilisent tous les moyens à leur disposition pour connaître le plus grand nombre de personnes possible… sans que les résultats soient probants.

Que l'on fasse une démarche volontaire pour rencontrer quelqu'un ou que la circonstance soit fortuite, notre être entier est à l'œuvre pour que se crée ou non un lien. Si, par chance, nous trouvons une personne qui nous convient, il faut aller au-delà pour que cette occasion ait une suite. Et cela, d'autres éléments viendront en préparer la réussite ou l'échec : la lecture de certains signaux, la perception de ses propres sentiments ou émotions, la confiance en soi et en l'autre, le désir de s'approcher ou non, la volonté ou non de s'investir, de s'engager… Le hasard peut bien avoir été premier dans la rencontre, il devra céder la place à certaines actions, questions ou prises de conscience pour se transformer en projet.

Au café ou au club sportif ?

Il est évident qu'il faut sortir de chez soi pour entrer en contact avec des gens, mais sortir ne suffit pas. Encore faut-il être dans un lieu qui nous ressemble suffisamment pour que les personnes qui s'y trouvent aient des points communs avec nous.

Il faut pouvoir être à l'aise dans ce lieu. Si vous vous sentez fausse dans un bar, l'autre le sentira et n'aura pas accès à ce que vous avez réellement à offrir. Si vous vous sentez trop observé dans un café, si avez l'impression que les filles qui vous entourent parlent de vous et vous font passer un test, il y a peu de chances que vous alliez vers elles ou que vous vous sentiez très ouvert si l'une vient vers vous. L'attitude y est pour beaucoup. Il y a différentes façons d'être dans un restaurant, dans la rue ou dans un train, qui feront en sorte que l'on aura envie de s'approcher de vous ou que vous percevrez des signaux favorables à une rencontre.

Une femme se plaignait de ne plaire à personne. Elle était pourtant belle et intéressante. Un jour qu'elle marchait dans la rue, une amie qui la voit venir se prépare à la saluer, mais la femme ne la voit pas. Elle marche en regardant le trottoir, d'un pas rapide, l'air préoccupé. Tout en elle indique qu'elle n'est pas disposée à s'attarder. Le prince charmant aurait pu lui tendre le gant qu'elle venait de laisser tomber, elle l'aurait probablement remercié pour se remettre en marche rapidement !

Croiser l'autre ne suffit pas. Une attitude de disponibilité et d'ouverture est nécessaire, quel que soit le lieu ou le moment de la rencontre.

Le langage du corps

Dans la rencontre amoureuse, l'aspect physique joue un rôle fondamental qui est loin de se limiter à la beauté. Un grand nombre d'informations sont portées et projetées par le corps. L'expérience vécue par ceux et celles qui ont finalement rencontré quelqu'un avec qui ils avaient fait connaissance autrement (Internet, téléphone, lettre, petites annonces, boîtes vocales, etc.) en témoigne largement. Le premier contact physique constitue souvent un choc, même chez ceux et celles qui avaient déjà vu une photo. Le corps transmet bien des messages qui ne peuvent être perçus de manière statique.

L'exemple de Dominique est ici éloquent. Une seule poignée de main lui transmet une grande quantité d'informations. La main qu'Yvan lui présente n'est pas douce, elle est molle. Cette particularité est interprétée comme une faiblesse, qui déclenche en elle une crainte. Elle recherche un homme doux, mais elle craint la dépendance qui a marqué sa relation avec son mari.

L'attitude physique, la morphologie, la posture, certains gestes, le teint, le choix et la façon de porter les vêtements, les cheveux, le maquillage, la barbe, sont autant d'indicateurs de ce qu'est la personne. Elle ne pourrait aussi bien se décrire elle-même. Les aspects physiques transmettent subtilement une énorme quantité d'informations servant d'indices plus ou moins révélateurs de sa sensualité, de son ouverture ou de sa fermeture au monde et à l'autre, de sa force, de sa vulnérabilité, de sa maturité, de son intelligence, de ses valeurs, de son raffinement, de sa dominance ou de sa soumission, de sa dépendance ou de son autonomie, de son affirmation ou de son désir d'être pris en charge, etc.

Le corps et l'ensemble de l'attitude physique informent sur ce que la personne ne pourrait ou ne voudrait peut-être pas dire d'elle-même. Et l'autre en face ressent ou non du désir pour ce qu'il perçoit, souvent sans trop savoir ce qu'il discerne. La posture légèrement courbée et l'absence de flamme dans le regard d'Yvan ont averti Dominique de son attitude dépressive, bien plus qu'il n'aurait voulu le faire. Et celle-ci a donné à ce renseignement un poids proportionnel à ce qu'elle avait vécu avec un autre. Yvan n'est pour rien dans cette interprétation.

Les impondérables de la rencontre

En plus des indices corporels, le contexte de la rencontre, les interactions avec des tiers et les imprévus livrent toutes sortes d'informations. Celles-ci serviront à percevoir très rapidement, bien que plus ou moins consciemment, les émotions que cette relation est susceptible de susciter chez nous. Ces signaux extérieurs joueront un rôle tout aussi important dans l'amorce ou non de la relation que ce qui est dévoilé volontairement. La façon dont l'autre parle de son ex, sa manière de se comporter avec le serveur, son ton de voix au téléphone cellulaire avec sa mère, sa façon d'accueillir une suggestion, etc., sont autant d'indices de sa manière de traiter les autres, notamment son ou sa partenaire dans un couple.

Notre système perceptuel analyse constamment les indices centraux et ceux qui sont en périphérie, quelle que soit notre activité. C'est par lui que nous sommes guidés, que nous nous orientons en fonction de ce que nous recherchons et de ce que nous voulons fuir. Il est particulièrement à l'œuvre dans une situation nouvelle ou devant un inconnu. Et ici, il y a beaucoup d'indications à saisir rapidement[1].

L'interprétation des différentes informations que nous emmagasinons se fait à un autre niveau. C'est à l'intérieur de chacun de nous que réside le sens que nous leur donnerons et, en conséquence, l'émotion qui sera déclenchée, le sentiment qui naîtra : attrait, perplexité, rejet ou désir de fuir. C'est pourquoi, en même temps que nous recueillerons un certain nombre de renseignements livrés par la personne qui se trouve devant nous et par sa façon d'interagir avec le milieu environnant, nous avons intérêt à être attentifs à ce qui se passe en nous, pendant la rencontre.

LES YEUX OUVERTS SUR L'INTÉRIEUR

Existe-t-il un moment plus intense que celui où l'on se demande si l'autre nous plaît et si on lui plaît ? En quelques heures, voire quelques minutes, on peut passer par toute une gamme de sentiments : euphorie, peur du rejet, désir, angoisse de se tromper… Que de questionnements sur l'apparence physique, les qualités intellectuelles, les intérêts, les habiletés relationnelles, le statut social, la situation financière ! L'imaginaire aidant, on sonde l'attrait que l'on éprouve, mais on sonde aussi l'attrait que l'on suscite chez l'autre. Est-ce que je me vois l'embrasser ? Je ne ressens rien, mais pourrais-je éventuellement ressentir quelque chose ? Y a-t-il quelque chose qui me repousse définitivement ? Qu'est-ce que je veux montrer ? Qu'est-ce que je veux cacher ? On se voit le présenter à sa famille, à ses amis, on le regarde avec les yeux des autres. Est-ce qu'il passerait le test ? Est-ce que je peux lui faire confiance ? Va-t-il ou va-t-elle me rejeter à la première occasion ? Qu'est-ce que je ferais bien pour exprimer mon intérêt… mais pas trop ? Et tout cela, en tentant de faire en sorte que l'autre ne se rende compte de rien.

Dans tous les cas, l'essentiel est de savoir ce que l'on ressent intérieurement. Cette information demeure le meilleur des outils pour évaluer ce qui est en train de se passer ou ce qui s'est passé dans la rencontre.

Il y a motivation et motivation

Consciemment, les motivations pour une relation sont assez semblables. Toute personne qui se lance dans une rencontre recherche une satisfaction à des besoins affectifs, sexuels et relationnels. Elle veut se sentir aimée, avoir quelqu'un à aimer. Elle préfère vivre sa sexualité à l'intérieur d'une seule et unique relation. Elle veut pouvoir échanger sur plusieurs plans avec la même personne, ne pas avoir à tout expliquer chaque fois, à recommencer constamment le récit de son histoire, elle veut partager des responsabilités, des projets, construire une vie, etc. Les arguments avancés par la plupart des gens en quête de relation sont assez universels. Au point où l'on peut se demander pourquoi tant de personnes sont seules si tout le monde semble vouloir la même chose.

Chacun a aussi des raisons particulières. Richard, par exemple, veut se stabiliser, fonder une famille. Il veut se sentir aimé et aimer de manière assez continue pour construire un lien d'attachement. Mais il souhaite aussi se mettre au diapason de ses amis, rehausser son image auprès de ses collègues, augmenter sa crédibilité par la présentation d'une conjointe, lors des rencontres sociales et professionnelles (eh oui, dans certains milieux, cela compte encore !). Plus subtilement, Richard veut une assurance contre l'abandon. Il s'avoue plus ou moins clairement certaines de ces motivations, mais pour rien au monde il ne les confierait à Hélène ; ce serait courir le risque de briser le romantisme de la rencontre. Pourtant, qu'il le veuille ou non, ces mobiles intérieurs influencent son premier contact avec elle. Il a donc tout intérêt à ce qu'ils soient clairs, au moins pour lui.

En présence d'un partenaire potentiel, il y a donc plus que des motivations générales. Il y a aussi des moteurs subtils qui ne sont pas toujours faciles à analyser. Le désir, par exemple, celui que l'on éprouve et celui que l'on peut susciter chez l'autre : est-ce qu'elle m'attire ? Est-ce que je lui plais ? Est-ce que j'aurais envie de sortir *et* de rentrer avec elle ? Chez certaines personnes, le désir se manifeste avant l'amour. Pour d'autres, les sentiments sont plutôt le support du désir. Les rythmes d'attirance ou de développement de l'attrait peuvent donc varier, ce qui complique la rencontre de deux désirs au même moment.

Qu'est-ce que je recherche ?

Souvent, nos yeux sont bien ouverts sur la personne qui est en face de nous et sur un certain nombre d'émotions que nous éprouvons. Mais nous oublions de faire une distinction dans nos motivations qui pourrait pourtant se révéler bien précieuse : que serait la relation avec lui ou avec elle ? Trop souvent, nous ne faisons porter notre attention que sur les caractéristiques de la personne et non sur la nature de la relation qui pourrait être vécue avec elle. D'abord, quel type de relation est-ce que je souhaite vivre : est-ce une possibilité de ne plus être seul ? de jouer un rôle nouveau ? de vivre telle ou telle expérience ? de réaliser tel ou tel projet ? de créer un univers affectif ? Que pourrait être la relation avec cette personne ? Qu'a-t-elle à offrir pour construire une relation ? Et moi, qu'ai-je à offrir dans une relation ? Tout cela pour dire que s'interroger sur la relation est aussi important que s'interroger sur la personne.

Les réflexions comme : « S'il pouvait, il voudrait… » traduisent une situation qui a peu de chance de déboucher sur une relation. S'il dit qu'il ne peut quitter sa femme parce qu'elle est malade, il affirme en même temps qu'il ne le veut pas. Êtes-vous prête à vivre ce type de relation ?

S'interroger sur la relation, c'est se demander si nos motivations se rejoignent de manière à nous permettre d'élaborer ensemble rêves et projets, de les réaliser. Pourrons-nous créer un territoire commun ? L'attrait que l'on ressent, même lorsqu'il est réciproque, ne signifie pas automatiquement qu'une relation satisfaisante est possible. On peut aimer et être aimés sans être prêts au même degré d'intimité et d'engagement, se désirer et passer des moments merveilleux ensemble sans jamais former un couple. Il est rare, quoi qu'en disent certains, que cette situation soit pleinement choisie et acceptée par les deux partenaires.

Lorsque la rencontre n'a pas de suite, on peut être tenté d'analyser ce qui nous a manqué pour retenir ou attirer cette personne. On peut être porté à voir du rejet là où, finalement, ce n'est pas notre personne mais la relation qui est rejetée. On pourrait aimer cette personne, mais on ne pourrait pas s'engager dans le type de relation envisagé.

Ainsi, Dominique se méfie d'une relation où Yvan dépendrait d'elle au point où elle ne puisse plus respirer. Richard, lui, a plutôt peur qu'Hélène n'ait pas suffisamment besoin de lui et le laisse tomber une fois qu'il se sera attaché. S'ils ne donnent pas suite à la première rencontre, ce sera davantage la relation anticipée que la personne d'Yvan ou d'Hélène qui sera en cause. Il se pourrait toutefois que Richard s'explique son absence d'enthousiasme par un défaut qu'il a décelé chez Hélène… Louise, pour sa part, semble avoir dissocié totalement personne et relation. Elle vit un amour avec son amant mystère, sans espérer qu'il donne éventuellement lieu à une relation de couple. Il est possible qu'elle ait rationalisé cette situation, en se disant qu'elle préfère vivre des moments merveilleux avec lui plutôt que la routine d'une vie de couple.

Croire que tout dépend de l'autre, comme s'il s'agissait simplement de trouver la bonne personne pour voir ses besoins affectifs satisfaits et son projet de relation s'accomplir relève de la pensée magique. La « bonne personne » est généralement décrite en fonction de ses qualités personnelles et non dans sa façon d'être en lien. C'est pourtant une relation qui est recherchée.

On peut d'ailleurs facilement imaginer un lien impossible avec une personne qui possède toutes les qualités personnelles dont on rêvait. Elle est belle, intelligente, intéressante, sensuelle, mais tellement échaudée par ses aventures antérieures qu'elle est constamment sur la défensive dans ses rapports avec les hommes. Femme idéale, mais relation impossible. On peut aussi imaginer une union possible avec une personne qui ne possède pas toutes les caractéristiques recherchées : il n'a pas le physique rêvé, mais il sait écouter et s'exprimer de façon telle que la relation se crée et se développe de manière fort intéressante.

Personne ou relation ? Les deux sont à considérer.

Voir avec les yeux de la peur

Dans l'anticipation de ce que pourrait être la relation avec telle personne, cependant, il y a bien des projections. Ce n'est peut-être pas tant l'attitude réelle d'Yvan qui se révèle source de malaise pour Dominique que le signal que cette relation pourrait lui faire revivre le lourd sentiment d'être responsable de l'autre. Or, Yvan n'est pas identique à son ex-mari. Il n'y a pas deux personnes pareilles, ni dans leurs caractéristiques ni dans leur fonctionnement.

Ce qui peut se reproduire, tout autant, c'est notre façon d'interpréter les signaux reçus. Richard ne sera pas abandonné par toutes les femmes qui manifestent de l'assurance. Il doit développer une certaine sensibilité qui lui permettra de faire la différence entre rejet, indépendance et assurance. S'ils en prennent conscience, autant Dominique que Richard peuvent tenter de voir qui sont réellement Yvan et Hélène, ce qui appartient aux souvenirs de liens antérieurs, ce qui mérite d'être exploré, ce qui caractérise cette personne-ci et ce qu'il pourrait y avoir de différent dans une relation entre eux. En tentant de comprendre sa propre contribution aux problèmes vécus dans les situations antérieures, on peut avoir un certain contrôle sur le déroulement des choses. Par exemple, la peur de revivre certaines émotions risque de faire perdre de vue les possibilités d'une nouvelle relation et pourrait même enterrer vivants tous les possibles désirs de l'autre.

Les aléas de l'interprétation

Si vous demandez à quelqu'un de vous parler de la personne qu'il vient de rencontrer, il vous énumérera ses qualités, perçues plus rapidement que ses défauts : « Elle est belle, gentille, autonome, intelligente ; nous avons les mêmes intérêts, les mêmes objectifs, etc. » Cependant, vous savez bien qu'il y a autre chose. Qu'a-t-elle de différent des autres femmes gentilles, belles, autonomes, intelligentes, ayant les mêmes intérêts et les mêmes objectifs, qu'il a déjà rencontrées ? Cette liste de qualités ne pourrait-elle pas déboucher quand même sur un « mais je ne ressens rien » ? Est-ce que ce sont les qualités de l'autre qui justifient l'attrait ou l'attrait qui met en évidence les qualités, ou peut-être quelque chose des deux ?

Imaginons qu'Hélène rencontre James plutôt que Richard. Contrairement à Richard, celui-ci a eu très peu de relations avec les femmes. Il fait partie d'un club de marche en montagne, non seulement pour l'intérêt qu'il porte à ce sport, mais dans l'espoir de rencontrer une compagne. Il a d'abord été impressionné par le nombre de femmes intelligentes, dynamiques et disponibles présentes dans le club. Hélène a quelque chose de particulier. Il se sent attiré par elle, il en est même maladroit. Hélène fait les premiers pas, ce qui le réconforte. Ils conviennent d'aller souper ensemble. Hélène a la même attitude affirmative qu'elle a eue avec Richard. Cependant, pour James, ce n'est pas inquiétant. Il a perdu son père à 12 ans et ce père était à la fois autoritaire et rassurant. Il a vécu son adolescence et le début de sa vie adulte seul avec sa mère qui comptait beaucoup sur lui. Sans qu'il s'en rende compte, Hélène vient éveiller chez lui le souvenir de l'assurance de son père et des bienfaits qu'il en éprouvait. James n'a pas peur de l'assurance de l'autre dans une relation intime. Au contraire, il la recherche. Mais il aurait été probablement incapable de nommer cette caractéristique s'il avait rédigé une petite annonce. Pas plus que Richard n'aurait indiqué sa préférence pour une femme moins sûre d'elle-même.

Si la rencontre amoureuse ne consistait qu'en l'harmonisation des caractéristiques de chacun, on pourrait avoir recours à un spécialiste qui effectuerait les évaluations nécessaires et procéderait à l'appariement souhaité. On peut pousser la fantaisie jusqu'à imaginer un programme informatique qui indiquerait la compatibilité entre des profils de personnalité. Mais voilà, l'espace créé par la rencontre n'existe que pour les personnes concernées, et la précieuse information qu'il contient est inaccessible à un tiers qui s'appuierait uniquement sur les caractéristiques des individus, encore que celles-ci puissent être définies objectivement. L'autre est non seulement perçu, il est interprété en fonction de notre propre histoire passée dans d'autres relations, des plus anciennes aux plus récentes. On lui trouve défauts ou qualités, on est attiré ou non, en fonction de ce qui peut être projeté sur une relation potentielle avec lui.

Les peurs plus ou moins conscientes

Au moment de se rendre à une première rencontre, certaines peurs sont bien conscientes. Celle de répéter les mauvaises expériences, par exemple. On s'est déjà trompé sur une personne, mais on ne nous y reprendra plus : on sera attentif aux signaux pour ne pas commettre la même erreur. Or, s'il y a des signes clairs que l'on est en train de retomber dans les mêmes ornières, d'autres sont trompeurs.

Cette crainte conduit trop souvent à éliminer rapidement tout partenaire qui risquerait de nous faire revivre les mêmes expériences. Mais qu'est-ce qui nous effraie, au fond : l'autre, de qui il sera toujours temps de s'éloigner s'il s'avère un mauvais partenaire, ou soi-même qui pourrait être aveuglément attiré ? À qui parle-t-il au juste, celui qui, dès les toutes premières rencontres, fait la liste de tout ce qu'il ne veut plus ou celle qui affirme ne plus vouloir revivre telle ou telle situation ? Sont-ils en train de donner à l'autre le mandat de ne jamais les faire souffrir ? Sont-ils plutôt en train de se parler à eux-mêmes, pour se convaincre de ne pas répéter les mêmes « erreurs » ?

Le début d'une relation amoureuse n'est pas qu'un petit supplément par rapport à ce qu'il y avait avant ; toute la vie peut en être bouleversée[2]. On peut donc avoir peur de changer, y résister même, et ce, malgré le désir conscient de former un couple. Quitter le connu, risquer de modifier sa trajectoire, de subir des influences, d'être entraîné sur le terrain de l'autre sont autant d'appréhensions qui peuvent freiner le plus pur des élans. La capacité de choisir ne devrait pourtant pas s'évanouir du seul fait que l'on éprouve un sentiment amoureux. Oui, des changements sont à prévoir. Mais chacun y participera.

L'angoisse de perdre sa liberté, de « se faire prendre », habite encore notre inconscient collectif, peut-être encore davantage celui des hommes que celui des femmes. Dans les « enterrements de vie de garçon », une coutume veut que les amis du futur marié lui passent la corde au cou pour symboliser ce qui l'attend. Consciemment, les femmes, autant que les hommes, craignent d'être contrôlées par l'autre. Cela peut arriver, effectivement. Mais pour que l'un prenne le pouvoir, il faut la contribution des deux : l'un qui domine, l'autre qui, d'une certaine façon, accepte de se laisser dominer, pour toutes sortes de raisons.

Bien sûr, l'amour est fortement associé à la perte de contrôle. En effet, quel a été notre premier amour ? Celui qui nous liait à notre mère dans les bras de laquelle nous pouvions nous abandonner totalement pour être nourri. Plus tard, nous avons sans doute voulu échapper à son autorité, pour vivre notre vie d'adolescent et d'adulte. Se pourrait-il qu'il y ait confusion entre notre désir de nous abandonner et notre peur d'être contrôlé ? Et même entre notre peur et notre désir de nous abandonner ? La crainte d'avoir besoin de l'autre et le risque de perdre ainsi notre liberté et de ne plus pouvoir nous affirmer ramènent le danger d'être totalement dominé.

Dans le lien qui s'amorce entre Richard et Hélène, Richard a peur : s'il ose s'abandonner entièrement, Hélène ne finira-t-elle pas par tout contrôler : ses loisirs, ses amitiés, ses dépenses… ? C'est peut-être justement ce qu'il a vécu dans une relation antérieure et qu'il veut fuir à tout prix.

Peur ou désir de recommencer ?

S'il y a un domaine où il est souvent question de compulsion, de répétition ou *pattern*, c'est bien celui des relations amoureuses, du moins depuis que les changements sociaux permettent de multiples relations dans le cours d'une vie. On peut effectivement se demander pourquoi certaines expériences douloureuses sont répétées, comme si elles étaient désirées, et certaines occasions de bonheur contournées, comme si elles n'étaient pas désirées.

Des observateurs extérieurs évoquent le masochisme. Or, le vrai masochisme est excessivement rare. Personne ne veut réellement souffrir. Chacun, cependant, peut être attiré par une situation connue pour de multiples raisons, la plupart fort inconscientes : la peur de l'inconnu, le refus de faire le deuil d'une relation antérieure, le désir de reconstituer une scène (personnages, émotions) pour tenter de la rejouer, d'y trouver un dénouement plus heureux, d'enfin se respecter ou se faire respecter… Si on répète, ce n'est pas dans l'espoir d'avoir mal à nouveau, mais dans l'espoir de réussir enfin à dominer la situation.

Chaque relation peut donc constituer un défi ou une occasion de répéter un scénario déjà vécu dans les tout premiers liens affectifs : soit avec la mère, soit avec le père, soit avec le couple des parents ou dans des situations plus récentes, comme celles de l'adolescence.

Depuis sa rupture douloureuse, Richard a multiplié les aventures dans lesquelles il se gardait toujours une porte de sortie. Et il la prenait le premier, pour éviter de revivre le sentiment d'abandon. La plupart du temps, il se trouvait satisfait d'avoir réussi à prévenir l'abandon, mais il était, malgré lui, forcé de répéter le même scénario. Avec Hélène, il pourra fuir le premier ou tenter de relever le défi de la retenir. S'il veut satisfaire son besoin d'une relation stable et d'une vie de famille, il lui faudra prendre la décision consciente de ne pas fuir, de se donner le temps d'explorer ses propres émotions au contact d'Hélène, de la connaître en relation avec lui, de courir le risque d'avoir mal ou du moins d'avoir à corriger la trajectoire. Il lui faudra faire les efforts nécessaires pour surmonter ses peurs et donner de la place à l'ensemble de ses désirs. S'il y parvient, tous ces facteurs pourraient bien faire en sorte que, cette fois-ci, il puisse aimer sans être abandonné, sans répéter son scénario habituel : s'en aller et se retrouver seul, de crainte d'être quitté. Si, au contraire, il demeure tellement habité par sa peur d'être abandonné qu'il adopte avec Hélène une attitude distante, y allant d'allers-retours entre la séduction et le rejet, il se pourrait bien qu'Hélène prenne ses distances. Comment réagira-t-il alors ? Se dira-t-il : « Elle est en train de me quitter, je le ferai le premier », mettant fin à la relation, comme à tant d'autres précédemment ?

Hélène, elle, cherche réellement à former un couple. Ses amis sont toutefois étonnés de la voir passer les hommes au peigne fin, dans le but de leur trouver un défaut qui lui permette de les quitter. « Comment peut-elle à la fois se plaindre d'être seule et laisser tomber un homme qui lui plaisait tellement, la semaine dernière ? » Hélène a été très déçue par son père lorsqu'elle a découvert qu'il avait une maîtresse. Elle a surtout eu mal d'avoir tant idéalisé cet homme, de perdre ses illusions. Elle a cependant vécu un sentiment de maîtrise de la situation parce qu'elle savait ce que d'autres ignoraient, parce qu'elle avait compris plutôt que de l'apprendre par d'autres, comme ce fut le cas pour sa mère. Hélène ne veut pas tomber de haut. Elle ne veut pas vivre la déception et le sentiment de trahison que sa mère a vécus. En conséquence, elle est en mode « évitement de » davantage qu'en mode « recherche de ». Elle aspire à une vraie relation, tout en voulant à tout prix éviter les problèmes. Elle est extrêmement vigilante et surveille tous les indices de fausseté. Au début, elle s'emballe tellement qu'elle n'en perçoit aucun. Son enthousiasme retombe lorsque l'autre ne lui envoie pas immédiatement le signal qu'il sera à elle, et uniquement à elle, pour le reste de sa vie, à partir de maintenant… ou presque.

Un partenaire comme Richard, dont on connaît les peurs, ne se lancera pas de sitôt dans les grandes promesses. Cela pourrait bien mener à un échec pour Hélène et pour Richard : lui, se disant qu'il vaut mieux se retirer avant qu'elle ne le quitte, elle, interprétant l'hésitation de Richard comme un refus de s'impliquer. Chacun se protégerait ainsi d'une douleur déjà vécue, mais échouerait une fois de plus dans son rêve de créer la relation souhaitée.

Dominique, elle, a du mal à s'imaginer seule pour le reste de sa vie. Mais elle a vécu difficilement la dépendance de son mari à son égard. Celle-ci engendrait une fausse sécurité : il ne la quitterait jamais, c'était sûr. Il avait trop besoin d'elle… pour le meilleur et pour le pire. Et elle se souvient du pire, car le sentiment de sécurité totale s'est transformé au fil des ans en une sensation d'étouffement. C'est sans doute avec une certaine méfiance qu'elle entrera dans une nouvelle relation. Arrivera-t-elle à créer un lien sans que la moindre manifestation du besoin de l'autre soit vécue comme le début d'une dépendance aussi lourde à porter que celle de son ex-mari ?

Pour Louise, il s'agit d'éviter coûte que coûte l'ennui qu'elle a connu dans sa famille et perçu dans le couple formé par ses parents. Elle ne voit pas que c'est ce qui la pousse vers son amoureux « absent ». Elle ne sait pas qu'elle possède tout ce qu'il faut pour animer une relation et que les hommes « présents » sont parfois fort intéressants. Un lien qui se développerait avec son collègue lui permettrait l'attachement et la continuité qui lui manquent tant, sans être obligatoirement ennuyeux. L'intensité ne serait sûrement pas aussi grande qu'avec un partenaire occasionnel et « interdit », mais ce ne serait pas nécessairement le vide. La réalité pourrait bien être aussi intéressante, plus même, que l'imaginaire qui habite les intervalles de sa relation.

Peut-on à la fois désirer une relation et la redouter ? Hélas, oui. Pour qu'il y ait rencontre, il faut non seulement que nos différents désirs ne soient pas trop contradictoires, qu'ils aillent dans la même direction, mais aussi qu'ils soient plus forts que nos angoisses. Malheureusement — ou heureusement, car certaines de nos craintes sont fondées —, nous ne possédons pas de tours de magie pour faire monter les uns et baisser les autres. Ce qui est à notre portée, c'est de rester en contact avec nous-même pour connaître nos désirs et nos appréhensions. Les connaître permet d'éviter d'être dominé par eux, d'être poussé loin de ce que l'on pense vouloir, avec toute la détresse qui en découle.

Avant de tenter une nouvelle expérience, il faudrait prendre le temps de bien comprendre ce qui s'est passé dans la dernière relation. On ne peut espérer qu'un essai avec une autre personne donne des résultats différents, seulement à cause des caractéristiques de cette personne. On se doit de comprendre sa propre contribution : quelles sont les attitudes qui ont découlé de mes désirs et de mes peurs ? Quel a été le rôle de chacun ? Qu'est-ce qui pourra changer ou même devra changer pour donner une meilleure chance à la prochaine relation ? Si la compréhension ne suffit pas, elle constitue néanmoins le point de départ de toute évolution significative dans sa propre manière de voir, de choisir, d'être, de ressentir et d'agir.

La différence entre un échec et une expérience réside dans la réflexion qui suit. Il s'agit d'en tirer plus que des émotions (peine, colère, etc.). En s'élevant au-dessus de la simple critique de l'autre ou des autres (« Les hommes sont tous… Les femmes sont toutes… »), on ne se déprécie pas, on acquiert une vision plus globale de la dynamique à laquelle chacun a contribué à sa façon.

Si cette prise de conscience n'est pas qu'intellectuelle, si elle est ressentie, elle permettra de faire de réelles découvertes : certaines peurs et certains désirs paraissaient bien conscients, mais voici que d'autres nous surprennent. On savait que l'on voulait que la relation « marche », mais on ne savait pas que l'on avait peur aussi qu'elle « marche ».

LES YEUX OUVERTS PENDANT ET APRÈS LA RENCONTRE

Le ou les premiers rendez-vous sont donc des étapes cruciales. Ils déclenchent des émotions, des intuitions, des ressentis qui peuvent être extrêmement précieux pour la suite des événements, quelle qu'elle soit. Comment utiliser ces précieuses informations pour éviter les répétitions stériles, les culs-de-sac ou les expériences douloureuses et, surtout, pour choisir et garder les rencontres qui peuvent se transformer en relations fructueuses ?

Le contact

La première question à se poser est celle du contact : est-ce que je peux établir un contact avec cette personne, est-ce que le courant passe entre nous ? Y a-t-il un moment où nos regards s'accrochent, où je me sens bien dans ce regard ? Bien sûr, le stress inhérent aux premières rencontres peut brouiller les signaux. On est souvent très inquiet de l'impression que l'on fait, très préoccupé aussi de dénicher la bonne personne, de ne pas se laisser prendre dans des filets trompeurs. Mais si je reste dans l'analyse, tellement préoccupé de savoir si c'est la « bonne personne pour moi », je risque de perdre de vue l'essentiel : comment je me sens avec cette personne ? Je risque aussi de porter un jugement trop rapide, par peur de me tromper ou d'avoir mal une fois de plus. L'autre aussi vit une situation exigeante ; aussi, il se peut que j'interprète comme des travers des aspects qui sont simplement des maladresses. Et je passerai peut-être à côté d'une vraie rencontre.

Le contact est établi quand la tension naturelle est entrecoupée de bons moments, qui sont de plus en plus fréquents et de plus en plus longs. Pour cela, il faut donner du temps au temps et ne rien forcer. Comme lorsqu'on est en train de monter un casse-tête : les bons morceaux se placent facilement ; il ne sert à rien de contraindre les autres à entrer dans un espace qui n'est pas le leur. De la même façon, on ne peut chercher à se modeler coûte que coûte sur ce qui nous est étranger. On est à sa place lorsqu'on arrive à se détendre, à se sentir bien, sans rien forcer. Car il ne s'agit pas de trouver *la* bonne personne, mais la bonne personne *pour soi*.

Du bien-être

Trop souvent, la question qui occupe l'esprit dans une première rencontre est : est-ce que j'éprouve de l'attirance, est-ce que je pourrais ressentir de la passion ? Il faudrait aussi se demander si l'on est capable d'éprouver du bien-être avec cette personne. Est-ce que j'ai envie de passer plus de temps avec elle ? Est-ce que je la sens à l'aise là, maintenant, ou si chacun ou l'un des deux regarde ailleurs... ou sa montre ? Il faut donner à la relation le temps de se développer, ne pas chercher tout de suite à en tracer le scénario à partir d'un certain sentiment d'ébullition ou de l'état de passion. Quand on se sent bien, en général, c'est qu'il y a un contact réel, et sur ce bien-être partagé, on pourra développer une relation.

Certains autres signes doivent tout de même retenir notre attention : une personne qui, lors d'une première rencontre, ne tient absolument pas compte de moi, ou une autre qui me parle des femmes (ou des hommes) avec une image si noire que je peux en déduire que je serai son prochain bourreau, devrait éveiller ma prudence. De même, je devrais être sur mes gardes devant un inconnu qui, dès les premières rencontres, tient absolument à être sûr que je vais l'aimer tout de suite, lui seul et pour toujours, ou cet autre qui m'interdit de lui faire revivre ce qu'il ou elle a déjà vécu. Il n'est pas nécessaire de prendre immédiatement ses jambes à son cou, mais il est indispensable de garder l'œil ouvert, dans les rendez-vous ultérieurs. Voilà peut-être quelqu'un de trop fragile, quelqu'un dont je devrai « prendre soin », ou quelqu'un de trop radical qui cherchera à me contrôler, au mépris de mon propre bien-être.

Certaines situations de rencontre sont plus faciles que d'autres. Au travail, par exemple, on a tout le loisir d'observer le futur partenaire dans ses interactions avec les autres, de voir sa tolérance à la frustration, son humeur, sa créativité, etc. On n'est pas face à face et on ne se donne pas le mandat de savoir, en deux ou trois rencontres, qui est l'autre et si cette personne nous conviendrait pour construire une relation amoureuse. C'est pourquoi il faudrait aussi se donner toutes sortes de styles de rencontres : en tête à tête au restaurant, oui, mais aussi dans des discussions entre amis, en excursion, dans une activité qui nous intéresse tous les deux. Rencontrer les amis l'un de l'autre et vivre ensemble des expériences diversifiées permet d'observer comment je me sens avec cette personne, dans ces différentes situations. La diversité des contextes permet de découvrir non seulement cette personne, mais ce que je deviens à son contact, pendant ces moments et après. Quelles traces ces différentes situations laissent-elles en moi ?

De la curiosité

Trop souvent, la peur de se tromper ou d'avoir mal fait en sorte que l'on se sent le devoir de chercher et de trouver rapidement si une personne nous convient. Cette nécessité nous empêche de développer une véritable curiosité à l'égard de l'autre que l'on vient de rencontrer. On veut tout de suite avoir la réponse à notre question : est-ce la bonne personne ? Et vite fait bien fait, on la classe dans l'une ou l'autre des catégories que l'on a déjà rencontrées, sans avoir suffisamment pris le temps de l'observer. En cataloguant rapidement l'autre en face de soi, on risque d'être le premier perdant : personne n'est tout à fait semblable à quelqu'un que l'on a déjà connu. Et celle-ci, qu'a-t-elle de différent ? La découverte de l'autre est une étape intéressante en soi ; ne nous en privons pas. Ai-je envie de connaître davantage cette personne, peu importe le type de relation sur lequel débouchera ce premier contact ? L'expérience de la rencontre en elle-même peut être fructueuse si elle me permet de mettre au clair ce que j'aime ou n'aime pas, de découvrir le fonctionnement d'un autre, nos ressemblances et nos différences. Ce que j'en perçois actuellement me donne-t-il l'envie d'en connaître plus sur l'autre ?

La capacité de changer

Une autre question devrait se poser aussi : ce qui me dérange chez l'autre en face de moi, est-ce quelque chose de fondamental ou de relatif? Aucun être humain ne peut convenir tout à fait à notre image de l'amoureux idéal. Mais dans ce que je perçois qui me dérange, certaines choses sont fondamentales, d'autres non. La question à se poser est alors : est-ce que je peux vivre avec ce comportement ou cette façon de faire? Elle entraîne une deuxième question : est-ce un aspect de sa personne qui peut se transformer? Si je devais lui demander de changer cela, est-ce que je trouverais les mots, le ton, l'attitude? Est-ce une demande réaliste, respectueuse? Puis-je imaginer être un jour satisfait?

On a tellement répété qu'il ne fallait pas penser transformer l'autre que beaucoup d'hommes et de femmes recherchent un ou une partenaire « clés en main ». En réalité, chacun devra s'adapter et faire évoluer des aspects de sa vie actuelle : un horaire, une façon de s'habiller, un lieu d'habitation, par exemple. Parfois, il faudra avoir le courage de demander un changement. Certaines personnes ont si peur de s'affirmer qu'elles abdiquent dès que l'autre n'est pas ou ne devine pas ce qu'elles souhaitent. Elles ne s'imaginent pas en train de dire à l'autre ce qu'il ou elle pourrait modifier dans des choses très simples comme sa façon de conduire, de se vêtir ou de manger... Elles vont fuir plutôt. Mais une façon de se vêtir peut démontrer soit un manque de goût, ce qui est relativement facile à résoudre par quelques séances de magasinage, soit quelque chose de plus subtil ou de plus profond, comme le peu de respect que l'on a pour soi-même.

Il faut être réaliste : si certaines choses peuvent changer, comme une garde-robe, d'autres sont pratiquement impossibles à transformer. Il faudra alors se demander si l'on pourra vivre avec cet aspect de la personnalité du partenaire. Tout ce qui est sous contrôle volontaire peut évoluer, mais ce qui ne l'est pas se modifie beaucoup plus difficilement :

intelligence, sensibilité, capacité d'expression, humeur, etc. Il y a une différence entre demander un changement et tout critiquer chez l'autre. On peut faire une demande à une personne que l'on respecte, voire que l'on admire. Mais si l'on est trop exaspéré par cet autre qui ne correspond pas à l'image rêvée et ne répond pas à nos désirs, il vaut mieux le laisser aller vers une personne qui saura l'apprécier. Si je ne trouve pas cette personne intelligente... ou si je trouve qu'elle n'a « pas de conversation », il faut savoir si cet aspect est essentiel pour moi. Le dialogue n'est pas essentiel pour tout le monde. Certaines femmes ont vécu toute leur vie aux côtés d'un mari qui échangeait peu et elles n'en ont pas vraiment souffert. Pour d'autres, cette situation aurait été intolérable. Le besoin d'admirer est légitime mais il n'implique pas que le partenaire doive susciter l'admiration en tout et en tout temps. Il est possible aussi qu'il faille un certain temps pour trouver le trait qui suscite l'admiration. Saura-t-on se donner le temps de découvrir cet aspect dans une personnalité très discrète, par exemple ?

La personne et la relation

Il est nécessaire de sonder son sentiment, non seulement à l'égard de la personne rencontrée, mais aussi à l'égard de ce que l'on peut déjà entrevoir de la relation. Est-ce que j'ai envie de revoir cette personne ?

Trop souvent, on se voit déjà « vivre avec » l'autre en face de soi. Mais une relation se construit, c'est un processus dont on ne peut savoir tout de suite l'issue. Bien sûr, certains aspects sont à déterminer dès le départ, par exemple : est-ce une personne capable de faire certaines adaptations pour construire une relation ? Si je lui ai dit que je n'aimais pas les roses ou que les fruits de mer me rendaient malade, est-il capable d'en tenir compte à la prochaine occasion ou ai-je le sentiment qu'il n'a rien entendu ? Est-ce que je sens que la connaissance l'un de l'autre tisse des fils entre nous, nous attache l'un à l'autre ? Est-ce que les moments que nous partageons sont de plus en plus harmonieux, confiants, agréables ? La capacité de s'ajuster à une autre personne est un facteur positif dans la construction d'une relation.

Bien sûr, les personnes en présence vivent un stress, mais est-ce que le contact a pu s'établir, du moins à certains moments de la rencontre ? Dans plusieurs types de rencontre, où la situation exige un face à face précoce, une certaine confusion peut être créée du fait que les deux personnes se sentent sur la sellette : toutes deux veulent une relation, toutes deux ont de multiples attentes et leur image d'elles-mêmes est en jeu. Il faut en tenir compte. Mais il faut voir si le climat évolue, si une zone de bien-être s'installe, si une sorte de troisième territoire peut se construire. A-t-on suffisamment de points communs pour espérer construire une relation ? Est-ce que nos différences sont un empêchement à un bien-être commun ou sont-elles stimulantes ou, à tout le moins, tolérables ?

Je dois me sentir bien non seulement à l'égard de l'autre, mais aussi à l'égard de ce que je pressens de la relation à venir. Si après la rencontre, je deviens inquiète, nerveuse, apeurée, quelque chose ne va pas. Il est possible que je me dise : « Il a été tout à fait gentil avec moi, je n'ai pas l'impression d'avoir été critiquée, méprisée... mais je ne me sens pas bien. » Je suis peut-être en train de me dire : « Ce que je suis, moi, je ne peux pas l'être avec lui ou avec elle... J'ai eu à faire face à trop de contraintes, j'ai dû me montrer différent ou différente de ce que je suis réellement. » Si, au contraire, dans la ou les premières rencontres, je me suis vue capable d'être authentique, il est probable que ce soit parce que l'autre l'était aussi et qu'une acceptation mutuelle était vécue avant même d'être exprimée. Même si ce moment de confiance n'a pas duré tout le temps de la rencontre, il y a là un ingrédient qui me permet de penser à un prochain rendez-vous, une raison de laisser la porte ouverte.

Si je me sens envahie par l'autre, si j'ai l'impression qu'il est en train de prendre la direction de ma vie, si dès sa première visite chez moi il se permet de déplacer les meubles et s'installe, je dois être vigilante. Bien sûr, il peut agir ainsi par nervosité, mais j'ai intérêt à garder l'œil ouvert. Si ce comportement ne me semble pas aller de pair avec d'autres aspects de sa personnalité qui me plaisent bien, il faudra en parler avec lui et tenter de comprendre ce qui le pousse à se conduire de cette façon, avant de le mettre résolument à la porte.

Contact réel, bien-être pendant et après la rencontre, capacité de distinguer entre ce qui est essentiel ou non, capacité de mettre en mots ce qui pose question, voilà des pistes qui devraient me permettre d'évaluer les premières rencontres et de savoir si elles ont un avenir.

Des rencontres vouées à l'échec ?

Quel que soit notre ressenti, certaines rencontres constituent pourtant des « non-lieux », parce que la relation est impossible. Il peut s'agir de personnes inaccessibles, une vedette par exemple, ou de professionnels auxquels on a

fait appel : prêtre, médecin, psychologue. On est alors attiré par une image et non par une personne. La nature
même du lien que l'on a établi et le contexte de la rencontre ne laissent pas de place à une relation amoureuse. Il
peut s'agir encore d'une personne dont l'orientation
sexuelle rend impossible l'attrait pour l'autre sexe, d'un
étranger dont la culture est pratiquement incompatible
avec la sienne propre. Il peut s'agir aussi d'une personne
déjà engagée dans un couple ou dans des liens affectifs qui
prennent toute la place. La partie raisonnable de nous sait
qu'il n'y aura pas de suite à ces relations. Mais il arrive aussi
que l'on prenne ses rêves pour la réalité et que l'on
s'acharne à vouloir construire une relation en terrain miné.
C'est ouvrir la porte aux déceptions qui font suite aux illusions, aux frustrations qui résultent d'attentes irréalistes,
mais c'est surtout fermer la porte à d'autres relations qui
auraient pu se révéler enrichissantes.

D'autres rencontres, pourtant sans « interdits » au départ,
se révèlent aussi prometteuses de souffrance ou vouées à
l'échec. Il peut arriver que, malgré le fait qu'à aucun moment je ne me sois senti bien, ni pendant ni après la rencontre, je veuille à tout prix revoir cette personne et que je
continue d'espérer que le désir devienne réalité. Normalement, s'il n'y a pas eu de bien-être, mais plutôt du malaise
voire de l'insécurité, ce ne devrait pas être le cas. Mais la
crainte de la solitude peut être tellement forte, qu'elle me
pousse à m'accrocher déraisonnablement à un espoir. Si
l'autre n'est jamais disponible, mais que je continue à télé-
phoner... si j'ai trop d'efforts à fournir pour m'adapter à
ses désirs... si j'ai le sentiment que rien ne change dans la
vie de l'autre (et tout dans la mienne!) du fait que l'on se
soit rencontrés... Notre rencontre aurait dû entraîner du

nouveau dans nos deux vies. Dans le cas contraire, ou bien il est entré trop profondément dans mon territoire et il a adopté complètement mes activités, mon mode de vie, et je finirai par me sentir étouffée, ou bien c'est moi qui suis entrée complètement dans le sien. Je risque de me sentir privée de ma propre vie, à un moment ou à un autre, ou d'être rejetée. Normalement, dans une relation, un espace commun se crée qui n'est ni totalement le mien ni totalement celui de l'autre.

Mon malaise pendant ou après la rencontre peut aussi découler du fait que j'ai vu comment l'autre gérait ses frustrations, comment il traite les autres personnes : sa manière d'interagir avec les amis ou les connaissances présentes dans le même lieu, de parler de ses précédents partenaires, de supporter les attentes ou les aléas du service… Toutes ces observations me transmettent des informations qui me révèlent la façon dont cette personne entre en relation : avec respect ou mépris ? autoritairement ou à travers tellement de compromis qu'elle disparaît sous la table ? Est-ce le type de relation que je souhaite ?

Certaines rencontres n'aboutissent pas, à la suite de ce qui semble être du sabotage. Il y a de l'attrait, un désir sincère de s'approcher de l'autre, de mieux le connaître, mais, sans que ce soit tout à fait conscient, l'un commet une erreur qui a pour effet de repousser l'autre : une femme répond à un homme, qui pourtant l'intéresse, qu'elle ne donne jamais son numéro de téléphone à un étranger. Longtemps après, elle se demande encore pourquoi elle a fait cela. Après réflexion, elle y reconnaît l'effet de sa peur que l'autre devine à quel point elle souhaitait être aimée. Son besoin de plaire l'humiliait et sa honte l'avait poussée à agir d'une manière tout à fait contraire à son désir. L'autre y a vu un manque d'intérêt et s'est éloigné.

Notre alliée la plus sûre, dans ces cas où les premières rencontres ne donnent pas le résultat que nous en attendions, est notre capacité de réfléchir sur la situation, d'oser regarder la vérité en face et de faire la distinction entre nos désirs et la réalité. Une décision courageuse, prise sans retard inutile, nous évitera bien des souffrances et des regrets. Elle nous rendra disponibles pour d'autres rencontres qui, elles, pourraient se révéler réellement prometteuses de relations à la mesure de nos attentes.

Des rencontres prometteuses

Certains signes peuvent me donner une confiance raisonnable dans la relation à construire. Par exemple : le sentiment d'être entendu quand je parle, la curiosité, le goût de revoir l'autre, l'envie de le ou la connaître et la réciprocité de cet intérêt, le désir de me laisser connaître sans avoir l'impression d'avoir quelque chose à prouver ou à cacher, la sensation de bien-être, la capacité de nous imaginer en train de faire certaines choses ensemble : travailler dans le jardin, bricoler, voyager, danser, faire la cuisine, discuter, etc.

Si je me rends compte que je suis plus à l'aise à la troisième rencontre qu'après la première, c'est que la relation porte en elle-même une capacité d'évoluer. Le temps est un ingrédient fondamental dans toute relation. Aujourd'hui, hélas, on veut aller vite, ne pas perdre de temps. Le *speed dating* est l'exemple ultime de cette tendance. Mais cette impatience peut nous faire passer à côté d'une relation qui aurait révélé toute sa saveur avec le temps.

La passion ou la relation ?

Il est important de savoir ce que l'on cherche : la passion ou une relation ? La première peut être attendue ou espérée dans les premiers moments. La seconde se construit. Si c'est la passion que je recherche, je n'aurai pas le même regard que si je souhaite une relation. Dans une relation de couple, il y a une phase d'exaltation, mais la relation ne se limite pas à cet aspect et l'on ne quitte pas le couple quand la passion s'amenuise. Celle-ci est généralement remplacée par des liens d'intimité et d'attachement. Mais certaines personnes arrivent à la rencontre avec une définition non avouée du couple : deux êtres dans un état passionnel constant. Si l'autre en face ne suscite pas d'emblée l'émoi, il sera fui, par peur de l'ennui. Si, au contraire, l'excitation est tout de suite au rendez-vous, il y a fort à craindre que la relation ne s'établisse que sur cette base. Cela ne pose pas de problème si le choix est conscient et assumé par les deux partenaires. Il n'est toutefois pas rare que la passion fasse place à la rupture, avant même que d'autres types de liens aient pu se créer.

Le regard posé sur l'autre peut être animé uniquement par une recherche de passion, et la déception peut venir du fait que la rencontre ne l'a pas déclenchée. La formation d'un couple exige de laisser les choses aller selon leur mouvement naturel, de laisser du temps au temps. Mais certaines personnes courent après les émotions fortes exclusivement, comme si les étapes de l'apprivoisement leur faisaient peur : peur d'être déçu, peur de décevoir, peur du doute, de l'inconnu, du rejet, du désir à sens unique, de l'attachement déçu.

Suis-je prêt ou prête ?

Un certain nombre de signes ou d'ingrédients peuvent donc permettre de penser qu'une rencontre débouchera sur une relation, mais une question reste fondamentale : suis-je prêt ou prête à aller voir plus loin, à donner du temps à cette relation plus ou moins proche de mes aspirations ou de mes rêves ? Suis-je prêt ou prête à passer du temps avec cette personne ? Sans conclure trop vite.

Il ne suffit pas de regarder l'autre, il faut aussi regarder comment on se sent avec cette personne. Et pour cela, il faut du temps. Il importe également de regarder comment évolue son état intérieur. Il est normal d'être un peu faux dans les premières rencontres, mais si on sent qu'avec le temps, on peut être de plus en plus soi-même, et l'autre aussi, on est sur une bonne piste. Si l'on est capable de rire de soi-même, d'avoir du plaisir, sans être préoccupé par le regard de l'autre, d'être seulement soi-même et éventuellement de découvrir des aspects de soi que l'on ne connaissait pas, c'est un bon signe. Si l'autre apparaît de moins en moins comme un objet à analyser ou à scruter en fonction de sa capacité à me satisfaire, mais comme une personne intéressante à connaître, avec laquelle la vie devient plus agréable, les chances sont bonnes. Il faut se donner le droit d'être soi-même et permettre à l'autre de l'être aussi.

L'exemple des poupées russes peut ici se révéler éclairant. Plus elles sont nombreuses, emboîtées les unes dans les autres, plus elles sont grandes, brillantes, décorées et attirantes. Dans les premières rencontres, nous montrons notre plus belle poupée, celle qui devrait plaire d'emblée. Progressivement, dans l'intimité, nous enlevons les poupées une à une, jusqu'à la dernière. Celle-ci est la plus petite, mais aussi la plus solide. Les autres sont creuses, vides à l'intérieur ; celle-ci est pleine. Elle représente ce que nous sommes vraiment. Les autres poupées ne sont pas forcément fausses, elles sont d'ailleurs copiées sur la plus petite. Au fil des rencontres, nous retirons des pelures pour révéler la personne que nous sommes. Quand nous en arrivons là, quand nous osons montrer cette petite et qu'elle est bien reçue, une relation authentique est créée.

Montrer cette facette de soi, c'est accepter de se montrer sans apparat, en toute confiance. C'est accepter aussi de se sentir à l'aise quand l'autre en fait autant. Certaines personnes ont du mal à se laisser connaître et particulièrement à dévoiler leur vulnérabilité. Elles craignent d'être rejetées ou exploitées. D'autres, au contraire, le font trop ou trop rapidement et cela peut faire peur à l'autre, soit parce qu'il n'est pas prêt à se dévoiler au même rythme, soit parce qu'il perçoit un appel à l'aide qui lui fait anticiper un trop lourd fardeau. D'ailleurs, celui ou celle qui ne recherche que des personnes très fragiles cache souvent de cette façon ses propres failles, à moins qu'il ne s'agisse d'un désir pervers de domination.

Accepter de dévoiler son humanité, c'est aussi montrer qu'il y a une place pour un autre humain dans sa vie. De même, avoir accès aux fragilités de l'autre, c'est avoir le sentiment que l'on pourra lui apporter quelque chose dans la relation. Dans une certaine mesure, donc, le fait de laisser voir ses faiblesses et non seulement ses forces peut contribuer à l'attrait. Généralement, cette authenticité est contagieuse et les liens qui s'y tissent sont solides.

On ne s'avoue pas facilement que les fragilités ont un rôle dans la relation, mais elles nous séduisent, nous plaisent. J'ai le souvenir d'un homme de pouvoir dont les faiblesses n'étaient pas cachées. Il avait de l'ascendant, de l'autorité, mais son entourage sentait qu'il pouvait lui apporter quelque chose. La capacité de montrer ses manques, sans en être humilié, de se confier sans s'en remettre à l'autre comme à un sauveur, d'oser montrer aussi ses forces sans que l'autre se sente dominé et d'être à l'aise de découvrir celles de l'autre, tout cela constitue le jeu subtil de la création de liens intimes.

Sortir de la rencontre avec une image positive de soi est aussi un signe d'une relation qui a un potentiel d'avenir. Si l'autre se montre comme quelqu'un qui suscite constamment des remises en question, du malaise ou l'impression de ne pas être adéquat, du doute par rapport à soi-même, la relation ne semble pas sur la bonne voie. Si les premières rencontres provoquent des bouffées de tristesse, il faut chercher à comprendre ce qui se passe : est-ce parce que l'on sent qu'il y a dans cette rencontre quelque chose d'impossible ? ou que l'on a absorbé comme une éponge la tristesse de l'autre ?

Autre signe : la sensualité. En oubliant pour le moment le désir ou la passion, est-ce que j'ai le sentiment qu'il est permis d'être sensuel avec l'autre ou, tout au moins, d'éprouver ma propre sensualité ? Est-ce que je peux ressentir la sienne ? Il est important aussi d'être attentif aux rapports de domination : ai-je envie de dominer cette personne ou, à l'inverse, ai-je l'impression qu'elle cherche à me contrôler ? On peut confondre attention et domination. On croit que l'autre veut prendre soin de nous, mais en réalité, il cherche à nous dominer, à prendre le contrôle de notre vie. Attention, danger ! À l'inverse, si l'on ressent le besoin de contrôler l'autre, c'est peut-être que l'on a peu confiance en ses capacités.

Si la ou les premières rencontres entraînent une obsession — toutes nos actions, toutes nos pensées tournent autour de cette personne —, il faut s'interroger. En général, une obsession dénote un malaise et non un bien-être. Bien sûr, dans un contexte de nouvelles rencontres, il est normal de penser souvent à la personne que l'on découvre et sur laquelle on s'interroge, mais les interrogations ou les besoins doivent trouver satisfaction de temps en temps. S'il a dit qu'il me rappellerait et que je n'ai pas eu de nouvelles depuis trois semaines, il ne sert à rien de rester près du téléphone à me morfondre. Il vaut mieux l'appeler moi-même pour apaiser mon obsession. Si, dans la relation qui commence, il y a beaucoup de place pour le rêve, mais trop peu pour la réalité, les frustrations sont plus grandes que les satisfactions et on se dirige tout droit vers un cul-de-sac. Bien sûr, il est normal qu'une certaine nervosité nous habite dans les premières rencontres, mais avec le temps, l'anxiété devrait diminuer pour laisser place au bien-être de plus en plus présent.

En conclusion, disons qu'une rencontre heureuse est, par définition, celle qui débouche sur une relation qui contribue au bonheur de chacun des partenaires. Cette rencontre entraîne forcément un bouleversement dans la vie des personnes en cause. Il ne s'agit pas simplement d'un lien qui viendrait s'ajouter à tous les autres déjà existants. Au moment où s'amorce la relation amoureuse, elle prend une grande place dans l'esprit de chacun, bouleverse souvent les motivations, l'emploi du temps et, surtout, les autres rapports familiaux, amicaux, professionnels. La rencontre heureuse ouvre sur une expérience de créativité : un troisième territoire devra être construit, celui de la relation, un territoire qui s'ajoute mais empiète nécessairement sur chacun des territoires individuels. Le défi est de créer cet espace commun, tout en respectant ce qui est essentiel pour chacun.

Pour être heureuse, il faut donc que la relation naissante soit importante pour l'un et pour l'autre, qu'elle permette à chacun de conserver, voire d'affirmer son identité et ses valeurs. Elle se développera en visant l'harmonisation des besoins, des valeurs et des priorités de chacun, et non seulement en cherchant à éviter de souffrir. On pourrait dire de certaines rencontres qu'elles permettent de prendre contact avec le meilleur de soi-même. La relation qui s'ensuivra donnera l'occasion de se réaliser davantage.

CHAPITRE 2
Comment se forge la capacité d'entrer en relation ?

L'autre et moi, nous n'arrivons pas « vierges » à la première rencontre. Nous venons chacun avec notre histoire, avec notre personnalité. Ainsi, dans la rencontre, il n'y a pas que le hasard, le corps ou la motivation qui jouent, mais aussi tout ce que nous avons construit depuis l'enfance comme mode de relation avec nos parents, avec nos frères et sœurs, avec nos amis, nos collègues, nos autres amours. Et nous n'en avons pas nécessairement conscience.

Nous arrivons à nos premières rencontres avec au moins trois forces :
- une identité, plus ou moins solide,
- une capacité d'attachement plus ou moins développée,
- une capacité plus ou moins grande d'éprouver du désir.

Ces trois constituantes de notre personnalité agissent la plupart du temps à notre insu, dans toutes les rencontres que nous faisons. Elles orientent nos choix de personnes, les conditions que nous mettons à la relation, la construction et l'évolution de la relation et, bien souvent, son issue.

Plus nous sommes conscients des enjeux entourant notre identité, notre capacité d'attachement et notre capacité d'éprouver du désir — autrement dit, plus nous nous connaissons —, plus nous sommes libres et plus nous avons de chances de faire les bons choix et de construire des relations enrichissantes.

L'IDENTITÉ

Ana va de rencontre en rencontre, sans jamais qu'une véritable relation prenne forme, malgré son désir intense de construire un couple. Dans certains cas, le partenaire se révèle inaccessible ; dans d'autres, elle lui trouve un défaut avec lequel il lui semble impossible de vivre. Elle met fin à la relation avant que celle-ci ne devienne réellement intime. Quand elle prolonge un peu la relation, Ana a tendance à se préoccuper des besoins de l'autre et à se conformer à ce qu'elle croit qu'il attend d'elle. Autrement dit, elle devient « une réponse » aux besoins de l'autre. Il arrive forcément un moment où elle ne peut plus tenir ce pari et quitte la personne sous prétexte qu'elle manque d'air. On peut comprendre que tout rapprochement menace son identité et que sa seule façon de se protéger est de maintenir une distance, soit en mettant fin à la relation lorsqu'elle devient intime, soit en choisissant des relations distantes et impossibles.

La rencontre amoureuse, à cause de l'intimité et de la proximité qu'elle implique, constitue un enjeu identitaire. Elle peut rehausser ou menacer l'identité personnelle. Elle est souvent évitée par celui ou celle qui n'a pas suffisamment le sentiment d'être quelqu'un, un être différent de l'autre, ou qui craint de ne pouvoir demeurer intègre au contact, si proche, de l'autre. Rationnellement, il semble évident que notre identité ne disparaîtra pas ou ne sera pas fondue dans celle de la personne que l'on aime. Celle-ci n'a pas le pouvoir de faire de nous ce qu'elle veut. Cependant, au niveau émotionnel, le rapprochement peut susciter des angoisses qui viennent du sentiment d'une perte de frontière entre soi et l'autre, de ce qui constitue notre identité. Perdre tous ses moyens, devenir l'ombre de l'autre, ne plus s'appartenir, sont autant d'expressions qui décrivent cette perte. Les mêmes phrases ou à peu près peuvent être prononcées avec euphorie : « Nous ne formons plus qu'un ! » « Je ne suis rien *sans toi* » ou avec angoisse : « Je ne suis *rien* sans lui. »

Une rencontre peut être vécue comme une occasion de devenir davantage ce que l'on souhaite être ou comme une suite d'écueils à éviter pour ne pas se perdre. Dans tous les cas, la relation amoureuse constitue une épreuve, au sens premier du terme, pour la sauvegarde de son identité. D'où la grande question : peut-on entrer en relation et rester soi-même ?

La construction de l'identité

C'est dans le regard de l'autre, et d'abord dans celui des parents, que se construit l'identité. L'image que l'on a de soi est définie par les images que les autres ont eues de nous et nous ont renvoyées. Ces images sont parfois clairement exprimées, parfois non. Un parent qui dit sans arrêt à son enfant : « Tu es capable, tu es bon, tu es beau… » peut lui donner une image très solide de lui-même. Mais si, en réalité, il éprouve de la peur ou de l'inquiétude sur les véritables capacités de son enfant, ou s'il décerne les compliments pour des choses qui n'en valent pas la peine, l'enfant le ressentira. Cet enfant acquerra difficilement la capacité de se faire confiance sans le soutien constant d'un autre. L'authenticité est donc fondamentale. Si, au contraire, le parent est constamment aux aguets et va au-devant de l'enfant, de peur qu'il ne se blesse ou ne se trompe, il est bien possible que l'enfant se voie comme un être incapable de résoudre les problèmes ordinaires de la vie. C'est l'attitude ici qui parle plus fort que les paroles.

La rencontre amoureuse nous remet dans un état de fragilité par rapport à notre identité. Elle nous ramène en quelque sorte au début de notre histoire relationnelle. Nous donnons accès à l'autre à la partie la plus intime de nous-même : notre corps, nos réactions émotives, notre quotidien, notre façon de vivre, nos choix. L'attitude de l'autre nous redonnera de l'assurance ou, au contraire, nous fera trembler intérieurement s'il s'attaque à ce que nous avons construit, en nous critiquant, en mettant en doute nos choix, en dévalorisant les êtres qui nous sont chers, etc. Nous aurons alors tendance à protéger notre estime de nous-même en créant une distance ou bien à devenir exactement ce que l'autre voudrait que l'on soit.

L'identité se construit aussi à travers les expériences vécues : essais, erreurs et réussites. Et ce qui est heureux, ici, c'est que le champ n'est pas fermé. On peut toujours vivre de nouvelles expériences qui vont nous permettre de nous voir autrement. On se croyait incapable de cuisiner, de conduire une voiture, de prendre l'avion ? Les circonstances font que l'on y arrive. On se voit réagir d'une manière nouvelle et on découvre que l'on est capable de changement. L'important est d'être conscient de ce qui se passe. Mais l'identité se construit surtout à travers de nouvelles expériences relationnelles. L'on se découvre soi-même à travers tout type de relations : amicales, professionnelles, etc.

La construction de l'identité dépend aussi, dans une certaine mesure, de notre façon de nous voir nous-même et de nous accepter avec nos limites. Plus l'on est capable de se voir de façon nuancée, de ne pas dramatiser ce qui n'est pas parfait, plus l'identité acquiert de la solidité. La capacité de rire de soi enlèvera le côté dramatique aux remarques du partenaire. Car si l'autre est invité dans notre intimité, il est aussi redouté, par la force des choses, comme observateur de ce que l'on vit. Cela explique pourquoi certaines personnes sont plus ou moins à l'aise dans les premières rencontres et permet de comprendre différentes réactions comme le besoin de jouer un rôle, la soumission aux désirs de l'autre ou la fuite. Ceux et celles qui seront assez solides pour composer avec ce regard de l'autre sur eux-mêmes et sur leur mode de vie, et même pour se découvrir à l'intérieur de la relation, feront de la rencontre, quelle qu'en soit l'issue, une autre expérience qui contribue au développement de leur identité. Faut-il le rappeler, l'identité est en construction tout au long de la vie.

Les bienfaits de la construction d'une identité solide

La capacité d'être seul

Caroline une femme d'une trentaine d'années, mange seule dans un restaurant. Elle pense à un événement récent, cherche une explication à la façon dont les personnes impliquées ont réagi. Elle ressent ce que la situation a provoqué en elle. Elle se demande ce que l'événement lui rappelle et cherche à comprendre sa propre réaction. Elle pense à ce qu'elle mange et aux courses qu'elle doit faire. Elle voit entrer une personne âgée.

Elle réfléchit au vieillissement, au sien, et ressent une certaine tristesse. Caroline est seule, mais elle n'est pas vide.

Christine mange seule dans le même restaurant. Elle se demande si on l'observe... Elle vérifie son apparence et craint d'être mal maquillée. Elle a apporté un magazine qu'elle tente de lire, mais l'intérêt n'y est pas. En réalité, elle le fait pour donner l'image d'une femme désinvolte et sûre d'elle-même. Elle souhaiterait plaire à l'homme qui occupe la table voisine, mais elle craint qu'il ne s'en aperçoive. Elle sourit et parle au serveur, mais celui-ci n'est pas vraiment disponible, il court d'une table à l'autre. Christine se sent seule et elle attend de l'environnement qu'il comble son vide intérieur. Sa solitude lui est un poids plutôt qu'un bon moment à passer avec elle-même.

Toute rencontre recherchée par incapacité d'être seul mène nécessairement à une dépendance[3]. La personne se trouve privée de sa véritable liberté pour faire un choix. Il y a toute la différence du monde entre le désir d'être avec un autre, à cause de ce qu'il est et de ce qu'il nous apporte, et un besoin pressant de l'autre qui nous pousserait à accepter de tout supporter plutôt que d'en être privé. Le fait de désirer être avec l'autre et d'être plus heureux en sa compagnie ne constitue pas une dépendance. Il est normal de préférer la présence à l'absence. Cependant, lorsqu'on est prêt à tout pour garder une personne, y compris à mettre en péril son estime de soi, son identité, voire son intégrité physique ou psychologique, il y a dépendance. Par analogie, on pourrait dire que ce n'est pas lorsqu'une personne aime prendre de l'alcool qu'elle souffre de dépendance, mais lorsque l'alcool la fait souffrir et qu'elle n'arrive pas malgré tout à s'en passer. Pour qu'une rencontre soit un enrichissement et non une contrainte, il faut sentir que l'on pourrait vivre sans cette personne. Malgré ce qu'en disent les chansons, « Je ne peux pas vivre sans toi » n'est pas une bonne nouvelle. « Je choisis de vivre avec toi » est beaucoup plus prometteur.

Paradoxalement, c'est d'abord dans une relation avec une autre personne que l'on développe la capacité d'être seul[4]. Il faut avoir expérimenté quelque chose de bon avec l'autre, et en garder la trace en soi, pour que le fait d'être seul ne déclenche pas l'expérience affolante du vide. L'être humain ne naît pas avec la conscience d'être un individu séparé, ayant son identité propre. Celle-ci se construit progressivement. Au début, le nourrisson ne différencie pas ce qui est intérieur de ce qui est extérieur à lui-même. La frontière entre ce qui se passe dans l'environnement extérieur et ce qui se produit dans sa vie intérieure ne s'établit que peu à peu. C'est pourquoi la qualité de l'environnement externe est si importante pour le bébé. Ce qui s'y passe est vécu non seulement comme arrivant « à soi », mais « en soi ». C'est donc l'atmosphère générale de l'environnement externe qui déterminera la qualité de ce que l'on peut appeler l'environnement interne ou la vie intérieure. Et la nature de cet environnement teintera à la fois les rapports avec les autres et la relation avec soi, et la capacité d'être seul[5]. L'acquisition de la capacité d'être seul peut cependant être empêchée de deux manières : l'enfant ou l'adulte peut être ignoré, et donc ressentir un vide affectif autour de lui-même et en lui-même, ou bien il peut être trop sollicité. Il se trouve alors privé de sa propre vie intérieure, au profit d'un mode de réponse aux demandes des autres.

Contrairement à l'abandon, la possibilité de rester seul dans un cadre rassurant, où le parent est cependant accessible, construira progressivement le sentiment intérieur de l'enfant d'être quelqu'un et sa confiance en lui-même. À l'âge adulte, lorsque cette personne sera seule, elle pourra se promener dans ses pensées sans craindre l'expérience du vide ou de l'angoisse. Elle pourra désirer la relation amoureuse sans la rechercher compulsivement, à tout prix, comme une question de survie.

Les exemples de Caroline et de Christine illustrent des environnements intérieurs différents, malgré la similarité de l'environnement extérieur. Comment expliquer cette différence ? On peut penser que Caroline a vécu suffisamment de bonnes expériences dans ses relations avec les autres pour que son monde intérieur en soit habité et vivant. Par contre, Christine semble encore chercher sa source de vie à l'extérieur d'elle-même. Peut-être parce que ce qu'elle porte en elle de souvenirs et de conflits lui fait peur, et qu'elle a besoin de s'en distraire. Peut-être parce qu'elle ne se sent pas exister si elle n'est pas sollicitée par l'autre. Peut-être parce que ses premières expériences de solitude ont été dramatiques.

Il y a toute la différence du monde, pour l'enfant surtout, mais aussi pour l'adulte, entre une expérience de la solitude qui résulte d'un abandon ou d'un désintérêt et celle qui découle d'un respect pour l'espace et le temps qui sont les siens propres. La première engendre de la détresse face à la solitude et toutes sortes de difficultés dans les relations. La seconde augmente la capacité d'être seul et d'être en relation.

Quand l'identité est suffisamment construite, elle donne la capacité de tolérer les rapprochements, sans fusionner avec l'autre ou sans ressentir le besoin pressant de fuir. Elle donne aussi la capacité de tolérer la critique ou de faire son autocritique, avec justesse ou humour. Elle permet d'oser se montrer à l'autre tel que l'on est, sans avoir peur d'être jugé ou rejeté. Elle permet surtout d'évoluer à travers les différentes expériences qui sont offertes. Elle donne la fluidité nécessaire pour passer à travers ces diverses expériences, tout en s'enrichissant.

Les signes d'une identité trop peu solide

La fuite

Si l'on n'a pas pu protéger son territoire et son intégrité dans ces relations fondamentales que sont les relations familiales, il est possible que l'on se sente menacé par toute personne qui pénètre dans sa zone d'intimité. L'enfant qui, par exemple, a vécu une relation très proche avec sa mère, qui a été aimé pour les manques qu'il comblait en elle et non pour ce qu'il était réellement, aura expérimenté la relation proche (intime) comme menaçante pour sa liberté et pour son identité. En effet, l'enfant (garçon ou fille) qui devient le complément de la mère ou du père est encouragé à être ce qui leur manque, plutôt que ce qu'il est vraiment. S'il est le substitut de l'un ou de l'autre parent, il aura peut-être un rôle valorisant, il ressentira de l'amour, mais il pourra se sentir mal à l'aise dans cette identité qui n'est pas sienne et qui ne lui laisse pas sa pleine liberté d'être. Le fils qui remplace le mari absent[6], la fille dont le rôle consiste à revaloriser la mère, à compenser pour ce qu'elle n'a pas pu réaliser, subissent le même type de préjudice. Les demandes parentales sont la plupart du temps très subtiles, de sorte que l'enfant ne peut différencier clairement ce qui découle de son propre désir ou de celui de son parent. Il ne peut donc pas se défendre. L'expérience s'imprime pourtant, et l'impuissance à se défendre de l'influence de l'autre pourra faire que toute intimité sera vécue comme une menace à l'identité. Comme tout individu tend à sauvegarder son identité presque autant que sa vie, il cherchera à éviter la relation intime avec un autre adulte, bien qu'elle soit désirée intensément par ailleurs. Tout se passe comme s'il s'agissait d'éviter le pire.

C'est l'histoire d'**Ana**. Elle a grandi dans une famille d'apparence heureuse et elle était très proche de sa mère. Elle l'entendait souvent dire : « Heureusement que j'ai ma fille ! » Mais sans s'en rendre compte, elle avait constamment le sentiment de devoir faire quelque chose pour éviter que sa mère soit triste ou contrariée. Elle était la fille merveilleuse que sa mère souhaitait avoir, bien plus que celle qu'elle était réellement ou aurait voulu être. Adulte, elle a pris une certaine distance avec sa famille et elle a pu développer davantage ses propres caractéristiques. Elle a acquis un sentiment d'identité plus authentique. Mais l'intimité d'une relation avec un homme lui rappelle encore celle de sa famille d'origine où elle devait correspondre aux désirs d'une autre personne. Inconsciemment, elle adopte la même attitude dans ses nouvelles relations. Puis, elle sent le danger ; elle éprouve de la peur de perdre ce qu'elle est. Et elle fuit. Dans certaines situations, l'autre maintenait une distance telle qu'elle pouvait continuer de l'aimer sans trop d'intimité. Mais cet amour était douloureux parce qu'il était impossible. Ana fera le sacrifice de la relation amoureuse pour sauvegarder son identité jusqu'à ce que les expériences de vie, les prises de conscience, les changements d'attitudes et de comportements entraînent chez elle un véritable contact avec ses racines, celles qui restent inébranlables même dans l'intimité.

Le partenaire comme honte ou valorisation

Lorsque l'identité d'une personne est trop peu solide, celle-ci sera peut-être tentée de se servir de l'autre pour se mettre en valeur.

Jean est de petite taille et il s'est souvent senti dévalorisé face aux autres hommes. Dans ses choix amoureux, il accorde une grande importance à la beauté, voire à la taille de sa partenaire. Il est davantage préoccupé par l'image qu'elle projette que par son bien-être réel dans la relation. Inévitablement, après un certain temps, il ressent un vide et une insatisfaction. Sa partenaire se plaint de ne pas se sentir aimée et appréciée pour elle-même. Jean va d'une relation à une autre, goûtant l'effet magique des premiers moments de séduction, mais la magie est superficielle et ne dure pas.

Les caractéristiques du partenaire amoureux peuvent être appréciées pour elles-mêmes, mais elles sont souvent vécues comme une source de valorisation ou de honte par celui ou celle dont la personnalité n'est pas solide. Tout se passe alors comme si l'identité de l'autre révélait une partie de soi, la partie intime qui désire et est désirée. Dans la relation amoureuse, comme dans les relations familiales, l'autre fait partie du « nous » et donc d'une certaine façon du « je ». C'est pourquoi les caractéristiques recherchées chez l'autre sont souvent, soit celles qui sont les plus appréciées socialement, soit celles qui compléteraient l'image insatisfaisante que l'on a de soi-même. Cela se joue à des degrés divers, d'un individu à l'autre. Certaines personnes cherchent constamment à rehausser leur image personnelle, en se liant à des partenaires qu'ils valorisent : de très belles femmes, des hommes puissants, par exemple. Bien sûr, cette valorisation est superficielle et ne peut s'inscrire profondément dans l'identité.

La spirale de la vie, avec ses expériences, à la fois semblables et différentes, pourra entraîner Jean à accorder de plus en plus d'importance à l'ensemble de ce qu'il est et non seulement à sa taille. Sa capacité à se sentir lui-même sera composée de cet ensemble plutôt que de certaines parties en particulier. Il fera des choix amoureux en fonction de son bonheur et non de son image, ce qui donnera lieu à une relation plus satisfaisante pour lui et pour sa compagne.

Certaines personnes sont préoccupées par la peur d'avoir honte de leur partenaire au point d'éviter des relations qui pourraient, par ailleurs, leur apporter beaucoup de satisfactions. Il est frappant de constater à quel point les personnes qui, pour une raison ou pour une autre, se sont senties humiliées à cause de leur famille pendant leur enfance et leur adolescence, sont hantées par la crainte d'avoir honte de leur partenaire amoureux. Lors d'une rencontre, une question prend toute la place : serais-je à l'aise de me montrer en public avec cette personne ou de la présenter à mes amis, à ma famille ?

Barbara a rougi de son père toute sa vie. Comme il était alcoolique et qu'elle ne savait jamais dans quel état elle le trouverait en rentrant à la maison, elle évitait d'inviter des amis chez elle. Elle a toujours gardé une frontière étanche entre ce qui se passait dans sa famille et ce qu'elle vivait à l'extérieur. Plus tard, lorsqu'elle a commencé à rencontrer des partenaires potentiels, elle a accordé une grande importance aux jugements que pourraient porter sur eux ses amies, ses collègues ou certains membres de sa famille. Au moindre signe que le nouvel amoureux pourrait être critiqué par l'un d'eux, pour son manque de goût ou ses manières peu raffinées, signes révélateurs d'une famille d'origine modeste ou d'un trouble quelconque, elle renonçait à la relation, sans même évaluer ce que celle-ci pouvait lui apporter.

Au fil du temps, les expériences de la vie et d'importantes prises de conscience ont conduit Barbara à construire son identité sur ce qu'elle était plutôt que sur ce qu'elle réussissait à cacher. Aujourd'hui, les limites et les défauts de l'autre sont évalués avec un meilleur jugement, dans une plus juste perspective, et elle accorde une plus grande importance à son bien-être à elle, dans la relation, plutôt qu'à ce que les autres peuvent penser.

Ainsi, lorsque mon identité est trop fragile, mon partenaire pourra apparaître aussi comme « compensation » pour mes manques ou comme révélateur de mes propres vulnérabilités. Il ou elle devra alors être d'une solidité à toute épreuve, posséder une image impeccable, sinon il devient le rappel vivant des failles que je ne peux supporter, soit à l'intérieur de moi, soit chez certains proches, comme c'est le cas pour Barbara.

La fausse identité

Dans la recherche de soi-même, chacun peut être distrait par les aspirations des autres à son égard. Il est tellement plus facile d'être ce que l'autre souhaite, que l'on peut, à son insu, adopter une « fausse » identité. Elle est fausse d'abord et avant tout par rapport à soi-même. La personne elle-même est trompée : elle croit être ce qu'elle n'est pas vraiment. Cette identité peut être vécue pendant un certain temps avec une apparente aisance, puis, sans trop savoir pourquoi, la personne commence à se sentir malheureuse, même en obtenant tout ce qu'elle croyait souhaiter.

Les stéréotypes masculins et féminins peuvent pousser une personne à adopter un modèle qui ne la définit pas vraiment. Voici l'exemple de Georges. Il est fils unique, il est intelligent et il réussit à peu près tout ce qu'il entreprend. Il aime particulièrement les arts. Son père a un emploi qui ne le satisfait pas, mais qui lui permet de bien faire vivre sa famille. Il ne le remet donc jamais en question. Sa mère a étudié les arts plastiques, mais elle n'a jamais pu travailler dans ce domaine. Sans que cela soit clairement dit, Georges sent qu'il doit choisir une « vraie » profession pour combler les désirs de ses parents. Il devient donc avocat et associé dans un cabinet de grande réputation. Il aime assez ce qu'il fait, mais il se demande souvent pourquoi il n'est pas plus passionné. Il a du succès auprès des femmes de son milieu, mais il n'arrive pas à être heureux. Au fond de lui-même, il sent qu'il est aimé plus pour son image que pour ce qu'il est.

Au cours d'un voyage, Georges rencontre une femme artiste qui ignore sa véritable identité professionnelle et sociale. Elle s'intéresse à lui et lui fait découvrir petit à petit des passions qu'il ne soupçonnait pas : celle des voyages et celle d'une vie moins structurée, plus bohème. Auprès d'elle, Georges se sent vivant ! Mais il voit difficilement comment la faire entrer dans son milieu. Il aime ce qu'il découvre de lui et d'une autre façon de vivre, mais il ne sait pas comment intégrer ces nouvelles découvertes à sa vie. Il prendra peu à peu conscience qu'il a toujours tenté de faire taire une partie de lui-même. Mais quelle remise en question ! Quel risque de se voir ainsi sous un autre jour et de devoir changer ! Peu de gens osent prendre ce risque. Pourtant, il est possible qu'après avoir tout rejeté, Georges identifie plusieurs éléments qui lui conviennent dans sa situation actuelle et qu'il arrive à faire les changements qui lui permettraient de trouver un nouvel équilibre. Il pourrait, par exemple, se spécialiser dans un domaine du droit qui l'intéresse davantage, travailler moins d'heures et développer ses autres intérêts. Il pourrait poursuivre la relation amoureuse avec cette femme, selon des modalités non traditionnelles. Bref, il a maintenant la liberté de créer sa vie et ses relations.

Une fausse identité peut aussi être adoptée pour se protéger de sa propre vulnérabilité. Dans la rencontre amoureuse en particulier, on peut, sans s'en rendre compte, se comporter comme si l'on n'avait besoin de personne. En réalité, il s'agit de la peur de ressentir et surtout de révéler son énorme besoin de l'autre. Les apparences sont souvent trompeuses. On le voit chez **Jacqueline** qui réussit très bien professionnellement, mais qui souffre de ne pouvoir former une relation de couple heureuse. Elle a grandi dans une famille où le père était souvent affaibli par la maladie et ne disposait que d'un faible revenu. La mère comptait entièrement sur son mari pour son bien-être économique et social. Jacqueline a souvent rêvé de l'homme puissant qu'elle épouserait, mais elle s'est aussi juré de ne jamais se retrouver dans la situation de dépendance de sa mère. Elle a poursuivi ses études et travaillé très fort pour acquérir un certain pouvoir dans son milieu. En son for intérieur, cependant, elle nourrit une sorte de rage contre la faiblesse des hommes. Dès qu'elle identifie une faille chez un homme, ce qui est inévitable, elle coupe la relation.

Dans l'intimité, pourtant, il est difficile de trouver un homme ou une femme qui ne fasse preuve d'aucune faiblesse. Les personnes comme Jacqueline vivent un conflit déchirant : vouloir être tellement fortes qu'elles n'auraient besoin de personne et, en même temps, chercher un autre plus fort pour pouvoir s'appuyer sur lui, s'en remettre à lui. Toute faiblesse de l'autre fait grandir la peur de faire confiance et d'être déçu. Et s'il arrive qu'elles puissent réellement admirer et compter sur l'autre, elles se mettent à redouter leur propre désir de s'abandonner : « Jusqu'où cela me mènera-t-il ? Puis-je laisser tomber le bouclier derrière lequel je cache ma vulnérabilité et qui en même temps constitue ma sécurité ? » Ces femmes ressentent tellement le besoin d'afficher leur force que leurs rapports avec les hommes ressemblent parfois davantage à une lutte de pouvoir qu'à une quête d'amour.

La fausse identité est toujours fragile. Pour la personne qui s'efforce de la maintenir, il arrive toujours un moment où l'image craque, soit sous l'effet de la fatigue, soit à cause d'une perte de contrôle des émotions. Porter un masque a aussi des conséquences dans la relation : certains partenaires en arriveront à ne plus supporter de vivre avec un être parfait. D'autres se sentiront trompés quand ils découvriront que cette personnalité ne correspond pas réellement à ce qu'ils avaient d'abord vu et aimé. Ils se montreront incapables d'accepter les pertes de contrôle ou l'abandon que leur amoureuse manifeste dans les moments de grande intimité, par exemple. Lui la croyait inébranlable et la voilà qui pleure ; elle le croyait sérieux et ordonné et voici qu'il fait preuve de relâchement dans ses finances. Quand on recherche une image, on n'a pas à composer avec elle, on la prend comme elle est. Quand on recherche une personne, il faut penser que l'on devra composer avec sa complexité, ses désirs, ses émotions, ses humeurs, ses failles... Les personnes qui veulent projeter une image parfaite d'elles-mêmes ou celles qui sont en quête du partenaire dont l'image serait sans failles auront donc du mal à construire de véritables relations.

Pour la personne qui la cultive, la fausse identité entraîne forcément une crainte de décevoir. Elle déclenche du même coup la peur de l'intimité, puisque celle-ci produit nécessairement une baisse de contrôle, et la peur du rejet, puisque l'image qui est alors révélée n'est pas jugée convenable. Cette personne entre donc dans un cercle vicieux : la prochaine fois, elle soignera encore davantage son image pour éviter le rejet. Elle se trouvera encouragée dans sa croyance que, pour réussir sa relation, elle doit se montrer autre que ce qu'elle est.

Pour résumer notre propos, disons qu'une construction défaillante de l'identité a des conséquences importantes, entre autres, la peur de prendre des risques. Tenter de nouvelles rencontres, entrer en relation, c'est toujours prendre un risque. Quand notre identité est trop fragile, nous avons le sentiment qu'un rejet de la part de l'autre pourrait nous démolir ; nous restons donc à l'écart, nous évitons les contacts pour ne pas avoir à souffrir le rejet. Nous sommes incapables de voir les relations comme une possibilité d'évoluer, quelle qu'en soit l'issue. Une autre conséquence apparaît parfois sous la forme de la tendance à prendre la partie pour le tout. Elle se manifeste aussi bien par rapport à soi que par rapport à l'autre et donnera des réactions du genre : « Ce type est mal habillé, je ne peux pas sortir avec quelqu'un qui est mal habillé, je ne me sentirais pas bien, cela nuirait à mon image. » En réalité, parce que mon identité est trop fragile et que j'accorde trop d'importance au regard des autres, je ne peux lui laisser sa façon de se vêtir. Je me prive d'une relation, intéressante par ailleurs, et je le rejette. Je perds de vue mon bien-être avec cette personne. Un seul aspect de sa personnalité me conduit à le rejeter tout entier. D'autres conséquences de la fragilité de l'identité se manifestent par de la fusion : je deviens l'autre ; ou l'absence d'affirmation : je laisse l'autre prendre toutes les décisions. Il arrive toujours un moment où la remise complète entre les mains de l'autre devient insupportable.

La question particulière de l'identité sexuelle

L'identité sexuelle est un aspect de l'identité propre. Elle mérite toutefois une attention particulière, parce que notre façon de nous situer dans notre sexualité est déterminante pour notre sécurité dans nos rapports avec les autres, particulièrement nos rapports amoureux. Nous avons besoin de sentir que nous pouvons demeurer nous-même, dans notre masculinité ou notre féminité, dans une relation intime.

L'acquisition de l'identité sexuelle est un processus complexe. Chaque individu doit apprendre à se sentir chez lui dans son corps, et dans les gestes et les rôles qui en découlent. À une certaine étape de l'enfance, les filles se retrouvent entre elles et les garçons entre eux, un peu pour se rassurer sur ce qu'ils sont avant de se confronter à la découverte et aux attentes de l'autre sexe.

Reconnaissons d'abord que la différence entre les sexes ne se limite pas uniquement à la morphologie et au fonctionnement physiologique. La différence physique entraîne toute une série d'autres particularités, notamment dans la structure psychique et l'ensemble du fonctionnement psychologique et social. La différence entre les sexes n'est donc pas qu'une vue de l'esprit. Elle existe dans la réalité, et même les jeunes enfants en ont conscience. Chacun, dans son désir de se sentir quelqu'un, veut d'abord être reconnu comme garçon ou fille, selon son sexe. Et chacun peut craindre d'être dominé ou envahi par l'autre.

On a vu, ces dernières décennies, les effets d'un oubli ou d'une négation de cette différence, tant dans la vie publique que dans l'intimité. La négation de la différence, sous prétexte d'égalité, a engendré toutes sortes de malaises dont nous vivons encore les retombées. Dans les rapports amoureux entre hommes et femmes, il arrive encore que l'un ou l'autre ne sache pas très bien s'il a droit à sa spécificité. Heureusement, une évolution dans le sens d'une égalité qui tienne compte des différences sexuelles est en train de se produire.

Identité sexuelle et égalité des sexes

Bernadette et Carl sont tous deux avocats. Ils se sont rencontrés au cours de leurs études. Si Carl a préféré une carrière qui apportait stabilité et sécurité à sa famille, avec des horaires réguliers, Bernadette a choisi la pratique privée. Elle a d'abord travaillé à mi-temps pour rester proche de ses enfants. Au fur et à mesure que les enfants grandissaient, elle a consacré plus d'heures à sa pratique et son revenu a augmenté, au point de rejoindre celui de Carl. Depuis, l'équilibre du couple n'est plus le même, tant dans la distribution des tâches que dans la prise de décision. Bernadette assume moins de tâches ménagères et prend davantage de responsabilités économiques. Consciemment et intellectuellement, Carl reconnaît les avantages de cette situation pour toute la famille. Cependant, comme il a grandi dans un milieu où les hommes étaient vus comme des pourvoyeurs, il n'est pas aussi indifférent qu'il le souhaiterait vis-à-vis de l'impact de cette dynamique sur son image de lui-même comme homme. Pourtant, il le reconnaît, ni l'un ni l'autre n'a voulu cette modification subtile des rôles comme un signe d'infériorité ou de supériorité. C'est en prenant conscience de ce qui se joue dans sa nouvelle situation, et en accordant plus de place aux autres aspects de son identité masculine, que Carl, qui est de bonne foi, a retrouvé sa sécurité. Cette reprise de confiance a aussi permis à la relation entre lui et Bernadette de survivre au changement. Si, au contraire, il avait succombé à la tentation de dévaloriser Bernadette pour rehausser l'estime de lui-même, la relation se serait détériorée rapidement.

L'identité sexuelle du garçon est largement basée sur une comparaison : ce qu'il a de plus que la fille. Dans l'enfance, il s'agit de caractères physiques et d'habiletés qui en découlent. Il a un pénis, des muscles, il est plus grand, plus fort, il réussit mieux dans certains sports, etc. Pour un garçon, l'insulte suprême est de se faire traiter de « fille » ! S'il est comme une fille, il est moins qu'un garçon. À l'âge adulte, les différences sont transposées à d'autres niveaux : argent, pouvoir, statut professionnel, etc. Ces caractéristiques jouent un rôle important dans le choix amoureux. Une femme qui a moins de pouvoir que son partenaire pourra paraître plus intéressante qu'une autre qui en a autant ou plus... même si l'homme ne se l'avouera pas facilement.

N'oublions pas que, pendant des siècles, la valorisation de l'homme a reposé sur sa capacité de subvenir aux besoins de sécurité et de nourriture de sa famille. Quand une femme adopte ce rôle, le mari le ressent parfois comme une offense ; une petite voix résonne en lui : « T'es comme une fille ! » C'est pourquoi, pour certains hommes, l'idée non seulement de supériorité mais simplement d'égalité de la femme est si troublante.

La comparaison entre homme et femme a aussi un effet sur les attentes des femmes. Le prince doit être plus puissant que la princesse, et celle-ci tire sa valeur du fait que cet être merveilleux l'aime et lui permet de bénéficier de sa puissance. Lorsqu'il a un pouvoir égal ou inférieur au sien, elle ne peut plus rêver qu'il est prince et qu'elle est princesse. Si le fait d'acquérir ce qui était jusqu'alors réservé à l'homme peut être vécu par la femme comme un bonheur à différents niveaux, il peut également être vécu comme une perte ou une privation quant à son désir de s'appuyer sur l'homme.

Ainsi, dans le couple Bernadette et Carl, Bernadette ne pense pas qu'il soit nécessaire pour l'homme d'être le plus fort et d'être le soutien économique de la famille. Elle est d'accord pour diviser les dépenses également. Mais elle ne peut s'empêcher d'éprouver un certain malaise. Elle en vient même à ressentir quelques frustrations à l'idée qu'elle ne pourra plus arrêter de travailler et compter uniquement sur Carl pour les dépenses du ménage. En prenant conscience des images déposées en elle depuis l'enfance, qui l'habitent toujours et l'influencent malgré elle dans ses attentes à l'égard des hommes, elle trouvera l'harmonie avec elle-même et avec Carl.

Chez certains hommes, la comparaison avec les femmes aura pris moins de place dans le développement de leur identité que le sentiment d'être un homme comme d'autres hommes. Ils auront eu l'occasion de s'identifier à un ou plusieurs hommes qu'ils valorisaient. Ils se trouveront moins ébranlés par l'égalité ou la supériorité d'une femme. Certaines femmes, par ailleurs, auront davantage construit leur identité sur les forces qu'elles reconnaissent en elles, en leur mère et en d'autres femmes, que sur leur capacité de conquérir l'être fort sur lequel s'appuyer. Elles pourront estimer et désirer un homme sans que celui-ci ait constamment à démontrer sa supériorité.

David a eu en son père un modèle d'homme qui n'était rassuré dans son identité que par le fait d'être supérieur à une femme, sa femme. Son insécurité l'a poussé autant à souhaiter que son fils réussisse qu'à se sentir mal à l'aise à l'idée d'être dépassé par lui. David en a gardé une sorte d'ambivalence par rapport à sa propre affirmation et n'arrive jamais à donner sa pleine mesure. Il n'est pas arrivé à développer une estime de lui-même suffisante. Comme il croit que son identité masculine repose sur la nécessité d'être supérieur à la femme, il ressent comme une menace le seul fait d'être sur un pied d'égalité avec elle. En général, il estime beaucoup ses compagnes qui ont le succès que lui-même n'arrive pas à atteindre. Il est alors valorisé par sa capacité de séduire de telles femmes. Dans l'évolution de la relation, son besoin d'être valorisé par sa supériorité, observé chez son père, pourra refaire surface et le pousser à avoir envers elles des attitudes et des comportements qui les diminuent : « Tu perds ta vie en la gagnant, ça te fait vieillir plus rapidement… Ce n'est pas parce que tu es médecin que tu sais tout… Pauvre toi, tu as encore oublié de payer ce compte, que ferais-tu sans moi ? » Peu à peu, c'est dans l'intimité qu'il les dévalorise, pour asseoir sa supériorité et son identité masculine.

Les forces qui sont à l'œuvre dans la vie sociale et dans la vie intime sont fort différentes. Les premières sont davantage sous le contrôle volontaire, ce qui peut expliquer qu'une femme qui s'affirme socialement se laissera mépriser dans l'intimité, même si cela peut paraître très étonnant.

Mère ou femme

La mère et la femme cohabitent d'une façon plus ou moins harmonieuse dans toute femme. Ainsi, la mère de Marie a tellement investi dans son rôle de mère qu'il est difficile pour ses enfants de percevoir qu'elle est d'abord une femme, avec une personnalité, des désirs, des projets. Même dans son couple, elle laisse toute la place aux projets et aux opinions de son conjoint. Marie, elle, a le désir de s'affirmer et de se réaliser. Tout semble bien aller pour elle : elle a des amis et des activités intéressantes où elle trouve sa place. Elle souhaite former un couple, mais chaque fois qu'elle devient intime avec un garçon, elle se sent mal à l'aise, comme si elle ne savait plus vraiment qui elle est.

La recherche d'identité sexuelle de la fille pose un problème particulier, celui de la séparation entre la mère et la femme, dans une même personne. Certaines femmes ne se sentent valorisées que par leur rôle de mère, même dans les rapports amoureux. Certains hommes sont incapables de voir dans leur compagne autre chose qu'une mère. Il est probable que les uns comme les autres n'ont pu suffisamment percevoir la femme dans leur propre mère. L'acquisition de l'identité féminine est facilitée quand la mère est non seulement heureuse d'être mère, mais aussi d'être femme. La relation de couple des parents est déterminante. Si la fille sent que la féminité de la mère suscite le désir, le respect et l'amour du père, il lui sera plus facile d'acquérir une solide identité féminine. Le rôle paternel dans la construction de l'identité féminine est donc fondamental : c'est lui qui, de l'extérieur, reconnaît, méprise ou valorise la féminité de sa femme et de sa fille[7].

Le malaise de Marie s'explique par le doute sur sa propre identité : sera-t-elle respectée par cet homme si elle ose se montrer *sexy* ? Peut-elle inspirer le respect tout en suscitant le désir ? Elle n'a pas pu s'identifier à sa mère ni à toute autre femme qui serait restée femme. Elle a du mal à s'épanouir amoureusement et sexuellement, tout en s'affirmant professionnellement et socialement.

Une solide identité sexuelle permet de se sentir quelqu'un en face d'une personne de l'autre sexe, et donc de ne pas être menacé dans son identité. Plus chacun des partenaires se sent à l'aise dans sa particularité, plus les rapports entre eux seront harmonieux. Vouloir nier ces différences entraîne des rapports affectifs biaisés où la relation est privée de ce qui lui donne vie. L'évolution récente dans la conception du partage des tâches ménagères et de la responsabilité des enfants demeure habitée de la peur du retour en arrière, dans le couple : les femmes craignent de retomber dans leur ancien rôle de ménagère et les hommes, de redevenir l'unique pourvoyeur de la famille. Chez les uns comme chez les autres, cette peur prend parfois la forme d'une hantise qui se traduit dans des rapports rigides, nuisibles à la spontanéité et au bien-être du couple.

Lorsque Marie rencontre Jacques, ils forment un couple qui vise l'égalité. Avec les années, chacun y contribue, tant sur le plan économique que par le partage des tâches ménagères. Chaque dépense pour la famille est notée et la somme, divisée par deux. Le temps consacré à la famille est aussi comptabilisé : si Jacques doit s'absenter un soir, il compense en assumant toute la responsabilité des enfants, le lendemain soir. Pour chacun, ce fonctionnement est une manière de ne pas être utilisé par l'autre. Dans ce contexte de partage total, Jacques et Marie se sentent pourtant de moins en moins amoureux : « Ce n'est plus une famille, c'est une PME ! » La relation est égalitaire, ils ne se sentent pas exploités l'un par l'autre, mais ils se privent de construire un lien de confiance basé sur l'amour plutôt que sur la comptabilité.

Quand chacun des partenaires est suffisamment confiant, non seulement en l'autre, mais en lui-même, la recherche de l'égalité peut se faire de façon plus globale, plus souple. Les différences peuvent être mises au service du couple au lieu de devenir une menace pour les individus. On voit alors la complémentarité remplacer la rivalité.

La bisexualité psychique

Mario et Madeleine se sont connus au collège. Ils avaient des intérêts et des projets communs, dont l'un était d'avoir des enfants. Mario appréciait la spontanéité de Madeleine, sa chaleur, son intelligence. Il la trouvait privilégiée d'avoir, en plus, la capacité de porter des enfants et de leur donner naissance. Il reconnaissait cependant les avantages de sa masculinité. Ayant eu une mère affirmative et suffisamment heureuse d'être femme et mère, et un père sûr de lui et satisfait de sa vie, Mario a associé force et joie tant au féminin qu'au masculin. Il a intégré dans son propre fonctionnement des éléments appartenant à l'un et à l'autre. Il bénéficie de la créativité et de l'authenticité que permet cette intégration. Il s'occupe de ses enfants et des travaux domestiques, sans se sentir menacé dans sa masculinité. Il n'éprouve pas non plus le besoin de dominer Madeleine pour s'affirmer. Il jouit d'échanges riches et harmonieux, tant dans sa carrière que dans sa vie familiale et sociale.

Sur le plan psychique, le masculin et le féminin existent, à des degrés divers, en chaque personne, quel que soit son sexe. S'identifier d'abord au parent de même sexe ne signifie pas ne rien prendre de l'autre. La première identité de l'enfant repose sur le fait qu'il est né d'un père *et* d'une mère, de ce père-ci et de cette mère-là. Le fait d'intégrer des éléments appartenant aux deux parents est une richesse pour l'enfant, qui devient l'acteur et non seulement le récepteur de ces identités. Le développement d'une personnalité authentique repose sur un processus actif de choix qui rend toute personne différente des autres, y compris de ses parents. Ce développement exige la reconnaissance mutuelle des différences et des ressemblances dans le rapport parent-enfant, de même sexe et de sexes différents[7]. Le degré d'harmonie qui existe entre le féminin et le masculin, entre les parents et en chacun d'eux, sera déterminant pour l'acquisition de la bisexualité psychique. Il en découle, non seulement une plus grande aisance dans les rapports avec l'autre sexe, mais un plus grand pouvoir créateur propre à enrichir la qualité des relations[8]. Tout dans la nature porte à croire que la création naît de la rencontre de différences. Il en est de même du psychisme humain.

Pour conclure cette réflexion sur l'identité, rappelons que l'identité est en construction tout au long de la vie. Cette construction se fait à travers les multiples expériences et les rencontres que nous vivons. Elles deviennent autant d'occasions de nous connaître chaque fois un peu plus. Nous avons donc tout intérêt à nous donner le droit de faire des expériences enrichissantes, avec des personnes valorisantes, et cela, dans tous les domaines de notre vie. Chacun, chacune, a vécu des moments où le simple fait d'aller manger avec un collègue l'a rempli d'énergie ou, au contraire, l'a complètement lessivé. Il faut donc apprendre à choisir les personnes qui nous font du bien, qui nous renvoient une image positive de nous-même. Plus nous agissons de cette façon dans toutes nos relations, plus il deviendra facile de demeurer nous-même, et donc de respecter notre identité, dans la relation amoureuse. Ces bonnes expériences nous donneront la confiance nécessaire pour évoluer. Comme notre implication est moins grande dans les relations professionnelles ou de bon voisinage, elles entraînent une intimité moins grande et sont moins menaçantes. Il ne faut donc pas négliger de créer toutes sortes de relations au travail, dans les clubs sportifs ou de lecture, entre voisins, etc., parce qu'elles sont autant d'occasions de découvrir qui l'on est vraiment et de faire la paix avec soi-même.

En effet, il ne s'agit pas seulement de savoir qui l'on est. Le but ultime d'une meilleure connaissance de soi-même est de bien vivre avec ce que l'on est, sans être obligé de le défendre tout le temps, sans être obligé de mettre l'autre à l'écart. L'idéal est de trouver une certaine fluidité dans la façon de vivre son identité : être capable de se respecter soi-même, malgré les aspects qui nous paraissent moins agréables : « Voilà, c'est moi, cela... »

Dans la connaissance de soi-même, il est important d'avoir conscience non seulement de ses qualités et de ses défauts, mais aussi de ses désirs. Nous avons souvent tendance à nous définir à partir de ces aspects positifs et négatifs, mais ce que nous sommes est lié aussi à ce que nous aimons, à ce que nous recherchons, à nos valeurs. Dans ce domaine particulier, il nous faut apprendre à faire la distinction entre ce qui est essentiel pour nous et ce qui est secondaire ou négociable. Nous le découvrirons à travers nos expériences de vie. Certaines personnes cherchent à se connaître à partir de tests psychologiques, comme on en trouve dans les magazines, mais il n'en existe pas d'aussi révélateurs que les relations... si nous avons la curiosité de nous y observer. C'est en tirant parti de toutes nos rencontres que nous deviendrons de plus en plus la personne unique que nous sommes et que nous pourrons entrer en relation sans crainte de nous perdre.

LA CAPACITÉ D'ATTACHEMENT

La deuxième force qui nous habite, bien avant de nous rendre à une rencontre amoureuse et d'entreprendre éventuellement une relation, est notre capacité d'attachement. Comme notre identité, celle-ci se construit et prend une couleur particulière à partir des premières expériences de notre enfance.

Émile a dû être hospitalisé pour une période de trois jours vers l'âge d'un an. C'est un âge critique pour ce qui a trait aux expériences de séparation. On se rappellera qu'à une certaine époque les parents ne restaient pas à l'hôpital avec leurs enfants. Il était même recommandé de ne pas venir les visiter, « pour ne pas les faire pleurer » ! Bien qu'il s'agisse d'un événement isolé, d'une durée assez courte, Émile en a tiré des modèles de soi et de l'autre qui ont eu une influence sur le reste de sa vie. Ces modèles se sont imprimés en lui. Comment comprendre que les parents, pour lesquels il ressentait de l'affection et en qui il avait toute confiance, disparaissent totalement et le laissent impuissant avec son besoin de les retrouver ? Une composante importante du modèle de l'autre s'installe en Émile : « L'autre peut m'abandonner en tout temps. » Parallèlement, il en tirera une composante complémentaire du modèle de lui-même : « Je suis impuissant à retenir ou à retrouver l'autre. »

Le besoin d'avoir un lien avec l'autre, ou les autres, habite l'être humain « du berceau à la tombe ». John Bowlby a élaboré une théorie de l'attachement à partir de l'observation d'enfants séparés de leur mère pour des périodes plus ou moins longues[9]. Les ressemblances entre la séquence de comportements observés chez les enfants et chez les primates, en pareille situation, l'ont amené à conclure que le comportement d'attachement est de nature évolutive, c'est-à-dire qu'il permet à l'espèce de s'adapter et de survivre. C'est dire son importance !

Il a ainsi été démontré que le besoin de se lier à quelqu'un est un besoin en soi et non un dérivé d'autres besoins. En d'autres termes, l'enfant ne s'attache pas seulement à sa mère parce que celle-ci le nourrit. Il s'attache à elle parce qu'il en ressent le besoin. D'ailleurs, les enfants privés de cette possibilité souffrent de divers problèmes, tant physiques que psychologiques, même si leurs autres besoins sont satisfaits.

L'adulte non plus ne crée pas des liens qu'en fonction de la satisfaction de ses besoins ou de ses attentes, bien que cela puisse y contribuer. La preuve en est que certaines personnes sont attachées au point d'accepter l'inacceptable : privations, violence, rejet, mépris, etc., plutôt que d'être privées de ce lien. L'attachement est une composante importante de toute relation, mais en particulier de la relation amoureuse. Il n'est toutefois pas vécu de la même manière par tous.

L'environnement humain, selon les individus qui le composent et les circonstances, permet de développer différents types d'attachement. Les expériences de sécurité, de rejet, d'abandon, d'indifférence ou d'intrusion de la part des parents créent les premiers modèles de l'autre qui s'installent dans l'enfant. Ils préparent sa propre capacité relationnelle. S'il acquiert un modèle de lui-même comme un être aimable, au sens premier du terme, et de l'autre comme une personne fiable, l'enfant aura tendance à créer des relations en toute confiance.

La nature du lien vécu par l'enfant aura des répercussions sur son mode de relation ultérieur, y inclus avec ses propres enfants. On pourrait donc penser qu'un problème d'attachement tend à se transmettre de génération en génération.

Les styles d'attachement

Chaque personne possède sa manière propre de s'attacher[10]. Comment peut se mettre en place un style d'attachement, sinon à partir des expériences vécues ? En faisant la synthèse de ses expériences, l'enfant en tire des représentations mentales des autres, de lui-même et des relations. Ainsi, pour Émile, l'expérience d'hospitalisation a été l'occasion d'intégrer une nouvelle composante à sa façon d'entrer en relation. Après son séjour à l'hôpital, ses parents l'ont trouvé différent, pleurnichard, méfiant. La synthèse des expériences et l'enseignement qui en est tiré se font moins rationnellement qu'à partir des émotions contenues dans chaque expérience. Ainsi, la même expérience vécue par deux personnes différentes n'aura pas les mêmes conséquences. Le poids d'un événement particulier dans la constitution des modèles de soi et de l'autre dépendra de l'intensité émotive qui a accompagné cet événement et non strictement de sa fréquence ou de sa durée.

Par ailleurs, il peut s'agir d'expériences fort subtiles, qui ne semblent comporter aucun élément dramatique, mais qui en viennent à faire partie de l'atmosphère d'une famille. Les situations vécues quotidiennement dans la famille peuvent sembler banales. Elles constituent tout de même pour l'enfant les fondements de l'élaboration d'une représentation de soi et de l'autre. Ainsi, la mère de Sylvie est très perfectionniste, particulièrement en ce qui a trait au ménage et à la propreté. Elle a trois enfants et elle est très préoccupée de leur bien-être physique. Lorsque Sylvie tente de s'approcher de sa mère, celle-ci lui demande la plupart du temps de s'éloigner et de la laisser terminer son travail. Elle la renvoie, en lui recommandant de ne rien déplacer ni salir. Sylvie intègre une image d'elle-même qui correspond à : « Je suis dérangeante et impuissante à garder l'attention de l'autre. » Son image de l'autre s'imprègne d'une expérience particulière : « Le fait qu'elle ou il soit là, physiquement, ne signifie pas qu'il puisse réellement me porter attention. »

À la suite de ses premières expériences d'attachement, l'enfant aura tendance à se comporter et à interpréter ce qui lui arrive de manière à confirmer les images de soi, de l'autre et de la relation qu'il a intégrées. Afin de mieux comprendre comment cela se passe, revenons à Émile. Comme il n'est pas tout à fait rassuré quant au lien qu'il peut créer, il aura tendance à s'accrocher à l'autre avec angoisse. Il deviendra un enfant exigeant, peu agréable et donc susceptible de provoquer des réactions de rejet. Chacune, si petite soit-elle, sera une expérience qui viendra confirmer son sentiment de ne pas être aimé et aimable, et que les autres ne sont pas fiables. Si le scénario continue sans que personne vienne le rassurer suffisamment, il aura la même attitude dans ses relations amoureuses adultes. La crainte d'être rejeté fera en sorte qu'il s'accrochera, deviendra étouffant et… fera fuir l'autre, ce qui confirmera une fois de plus ses croyances fondamentales.

C'est la détresse, qui découle du besoin de plus en plus criant d'attention et d'affection d'Émile, qui s'exprime. Elle le pousse à avoir envers les autres une attitude qui est susceptible de les faire fuir. En effet, la plupart des gens ne se sentent pas à l'aise en présence d'un adulte assoiffé de preuves d'amour. Ils ont tendance à le fuir. Celui-ci se trouve une fois de plus abandonné, de plus en plus assoiffé, de plus en plus envahissant, et ainsi de suite. Si Émile devient conscient de cette dynamique, il pourra se donner l'occasion de vivre autrement ses nouvelles expériences. Il pourra ainsi modifier peu à peu l'image qu'il a des autres, développer de nouvelles attitudes et acquérir de nouveaux comportements. Sinon, il continuera de répéter ce qu'il croit être une tare ou de la malchance.

On peut parler de « style d'attachement », puisque les individus ont généralement une tendance à se comporter de la même façon dans leurs rapports affectifs, et ce, semble-t-il, de l'enfance à l'âge adulte. Ces styles sont généralement classés en trois grandes catégories : confiant, évitant et anxieux-ambivalent. Ainsworth est arrivée à cette classification en observant les comportements d'attachement de jeunes enfants[11]. D'autres recherches ont démontré la valeur de ces catégories pour classifier les comportements d'attachement des adultes, et certaines ont fait ressortir la stabilité du style d'attachement de l'enfance à l'adolescence et à l'âge adulte. Hazan et Shaver ont formulé des descriptions de chacun de ces styles, en des termes permettant aux adultes de se reconnaître[12].

Le style confiant

La plupart des personnes peuvent entrer en relation sans être constamment préoccupées par la peur de l'abandon ou de l'envahissement. Elles ont un style d'attachement appelé « confiant ». C'est le cas de l'enfant qui se sert de sa mère comme d'une base de sécurité. Il va vers elle lorsqu'il en a besoin, mais la quitte fréquemment pour s'intéresser à autre chose. Il peut l'imaginer, la sentir présente et avoir confiance qu'elle sera là pour lui, et ce, tant dans sa présence réelle que dans sa capacité d'être attentive à ses besoins. Il peut aussi prévoir le type de réaction qu'elle aura lorsqu'il se comportera de telle ou telle façon.

À l'âge adulte, cette personne aura tendance à développer des relations dans lesquelles elle retrouvera la même sécurité. Elle est attirée par des personnes qui lui inspirent la confiance qu'elle a déjà expérimentée. Elle peut être en relation et ressentir l'amour de l'autre, sans avoir à le vérifier constamment, puisqu'elle croit qu'il est possible d'être aimé. Elle est présente à elle-même, à ses besoins et à ses désirs, de façon naturelle, parce qu'on l'a déjà été pour elle. Elle n'a pas à se centrer sur elle-même avec excès, puisque ses besoins d'attention et de protection ont été raisonnablement satisfaits. Elle peut donc être présente à l'autre, être intéressée et intéressante. Elle se reconnaîtrait dans la définition suivante : « Il m'est relativement facile de m'approcher des autres et je peux dépendre d'eux et les laisser dépendre de moi, tout en restant à l'aise. J'ai peu de craintes que l'on m'abandonne ou que l'on s'approche trop de moi.[12] »

Le style évitant

Celui qui manifeste un style d'attachement évitant se comporte comme s'il n'avait besoin de personne. Il donne une impression d'indépendance. Enfant, il ne semble pas ému par la séparation momentanée d'avec sa mère. Lorsque celle-ci revient, il a plutôt tendance à l'éviter. En réalité, même s'il a besoin des autres, il se comporte comme s'il avait démissionné dans sa recherche de satisfactions dans le rapport avec les autres, comme s'il ne comptait que sur lui-même. Il se tient à l'écart, soit parce que ce qu'il reçoit quand il est proche ne correspond pas à ses attentes, soit parce qu'il perçoit trop d'exigences à son égard. C'est souvent le cas d'un enfant aimé par ses parents, mais qui ressent la nécessité de répondre à leurs besoins excessifs d'être aimés, compris, estimés.

À l'âge adulte, il se comportera sans doute de la même façon : il est en couple, mais il semble toujours pris ailleurs, que ce soit par son travail, la lecture ou les sports. Sa partenaire se plaint de l'insatisfaction de ses besoins de présence, d'affection et d'intimité. Il se tient de plus en plus en retrait pour éviter, justement, d'être confronté aux attentes et aux critiques de l'autre. Il pourrait se reconnaître dans la définition suivante :

« Je suis plutôt mal à l'aise lorsque je suis proche des autres ; je trouve difficile de leur faire complètement confiance et de me permettre de dépendre d'eux. Je suis nerveux lorsqu'on s'approche trop de moi, et souvent mes partenaires amoureux voudraient que je sois plus intime que je ne suis capable de l'être.[12] »

Le style anxieux-ambivalent

Ce style est celui de l'enfant constamment accroché à sa mère, incapable de s'en éloigner pour s'intéresser à autre chose. Il éprouve une grande détresse lorsqu'elle le quitte, même pour de courtes périodes, et en même temps il ne semble jamais satisfait du contact qu'il a avec elle. Il ne se laisse pas caresser. Tout se passe comme s'il craignait constamment de perdre le lien, un lien qui pourtant ne lui donne pas satisfaction.

À l'âge adulte, la personne de style anxieux-ambivalent éprouve le besoin constant d'être rassurée sur l'amour de l'autre, sur le fait que celui-ci ne lui en veut pas, etc. Et même lorsque la relation ne lui apporte pas de satisfactions, elle s'y accroche avec acharnement. Elle pourrait se reconnaître dans la description suivante : « J'ai l'impression que les autres sont peu disposés à se rapprocher de moi autant que je le souhaiterais. Je suis souvent préoccupée à l'idée que mon ou ma partenaire ne m'aime pas ou ne voudra pas habiter avec moi. Je voudrais me fondre dans l'autre, mais ce désir fait fuir certaines personnes.[12] » Ce style d'attachement se trouve très bien illustré par Robin Norwood, dans son livre : *Ces femmes qui aiment trop*[13].

Mais l'identité et l'attachement ne sont pas les seules composantes d'une personnalité à être actives dans les expériences de rencontre. Il faut encore la capacité d'éprouver du désir, une capacité qui, comme les deux premières, prend racine dans l'enfance.

LA CAPACITÉ D'ÉPROUVER DU DÉSIR

Il existe des différences importantes entre ce qu'une personne dit rechercher comme partenaire et les choix qu'elle fait dans la réalité. Elle peut facilement énumérer ce qu'elle attend de l'autre et de la relation. Ces critères peuvent être soumis à la réflexion, à l'évaluation rationnelle, voire être contrôlés volontairement. Mais cela ne signifie pas qu'elle ressentira du désir pour la personne rencontrée possédant toutes les caractéristiques énumérées : « Il a tout pour me plaire, mais je ne le désire pas… Elle est parfaite pour moi… pas mon genre » entend-on dans les confidences. Voilà la merveille et le drame, parfois, de la rencontre amoureuse : ce qui se passe entre deux êtres qui sont attirés l'un vers l'autre et deviennent amoureux ne peut être maîtrisé de façon tout à fait réfléchie. Le désir a toujours un aspect mystérieux.

Qu'est-ce que le désir ?

Le désir peut être considéré comme l'énergie qui animera la relation et orientera le choix amoureux. Il ne s'agit pas ici exclusivement du désir sexuel, mais plus globalement du mouvement qui porte à s'unir à une personne dans sa globalité, d'une aspiration à être intime avec elle.

Mais que veut celui ou celle qui désire : être avec l'autre ? devenir l'autre ? se fondre dans l'autre ? avoir l'autre ou ce que l'autre a ? Ces différentes facettes méritent d'être explorées plus en profondeur.

Devenir l'autre

On a vu à quel point l'identité joue un rôle important dans la naissance et la poursuite de la relation. Dès les premiers moments, le désir de l'autre peut être la manifestation du souhait de devenir l'autre. Il s'agirait alors de former un « nous » qui compenserait pour les failles vécues ou perçues dans le « je ».

Les caractéristiques recherchées, plus ou moins avouées ou même plus ou moins conscientes, ne sont pas toutes liées à ce que l'on aime chez l'autre et à ce que l'on veut créer avec elle ou lui. Ainsi, la beauté peut être évaluée moins en fonction de l'attrait qu'elle suscite en soi que de l'image que l'on veut projeter. Certes, on peut être attiré par une personne, même si elle a un défaut physique, encore faut-il continuer d'être attiré quand on se voit la présenter à ses amis ou se promener dans la rue avec elle. L'image ne contribue-t-elle pas à la séduction ?

Ce que l'autre est, dans son identité visible, rejaillit sur « mon » identité visible... pour le meilleur et pour le pire. Le « tu » contribue au « nous » de manière plus ou moins heureuse. Il est donc normal d'en tenir compte. Mais il est troublant de voir à quel point, pour certaines personnes, la recherche de partenaire, plutôt que d'être seulement teintée, est principalement, voire entièrement, guidée par ce désir d'acquérir une identité à travers celle de l'autre. Le moindre défaut apparent chez l'autre deviendra une menace pour sa propre image et pourra être suffisant pour briser l'élan amoureux.

Avoir l'autre

Un partenaire est normalement recherché pour ce qu'il apporte et, surtout, pour la relation qu'il permet de construire.

Mais il arrive qu'il soit recherché comme un bien, comme un être à façonner en fonction de ses besoins, de ses aspirations et de ses modèles à soi. C'est la tendance du type « sauveur » qui devient indispensable à l'autre et se l'approprie tout autant. Ces personnes sont systématiquement attirées par des êtres vulnérables qui, en retour, sont attirés par des « sauveurs ».

Chaque personne a de multiples caractéristiques et elle est animée par toutes sortes de motivations. Cet ensemble constitue ce que l'on appelle sa « dynamique », c'est-à-dire son fonctionnement ordinaire dans les mêmes circonstances. Essayons de comprendre la dynamique du sauveur-sauvé. L'exemple de l'argent donnera le scénario suivant : il est riche, elle a des revenus modestes, ce qui contribue à la rendre attirante pour lui. Il se voit la combler et devenir de plus en plus séduisant pour elle, puisqu'il est rassurant. Il lui offre une vie matérielle confortable. Elle compte de moins en moins sur elle-même et de plus en plus sur lui. Résultat : elle lui appartient.

Il existe des facteurs de vulnérabilité beaucoup plus subtils que l'argent. Elle est active, il est plutôt passif, ce qui contribue à la rendre attirante pour lui, car elle est stimulante. Progressivement, elle prend les décisions, passe à l'action, oriente leur vie ; il compte de moins en moins sur lui-même et de plus en plus sur elle : il lui appartient.

Il va de soi que personne ne se dit consciemment : « Je vais me l'approprier » ou « Je vais devenir sa propriété ». Le glissement se fait subtilement, et chacun trouve des satisfactions dans ce genre de situation : la satisfaction de contrôler et le sentiment d'être indispensable compensent l'absence de réciprocité. La satisfaction de pouvoir s'en remettre à l'autre contrebalance le manque d'autonomie. Du moins pour un temps… La peur d'être abandonné, celle d'être contesté et d'avoir à négocier sont calmées par la vision d'une telle relation. Or, on sait que le désir, pour être ressenti, doit être plus fort que la peur.

Être avec l'autre

Le désir d'être avec l'autre est le plus sain et le plus riche. Il conserve à chacun la possibilité de vivre sa vie, tout en la partageant. Chacun est plus heureux parce que l'autre et la relation existent, tout en demeurant responsable de sa propre vie et en poursuivant son propre développement. Chacun accompagne l'autre, il ne vit pas sa vie à sa place. Il accepte nécessairement l'influence de l'autre dans sa vie, mais il continue de s'affirmer. Surtout, chacun ne rend pas l'autre responsable de son bonheur ou de son malheur.

La part de l'inconscient

Dans toutes les rencontres amoureuses, le désir d'être avec l'autre est celui qui paraît le plus conscient. Les désirs de devenir l'autre ou d'avoir l'autre restent la plupart du temps inconscients. Nous aurions pourtant tout intérêt à les connaître, à les mettre au clair, au moins pour nous-même.

La difficulté de connaître son désir et l'incapacité de faire des choix donnent lieu à d'importantes batailles intérieures, chez celui qui se sent attiré par une personne qui le fait souffrir ou chez celle qui ne ressent aucun désir à l'égard d'une personne dont elle reconnaît les mérites. Il s'agit d'une bataille entre la partie raisonnable de soi et l'autre qui, bien qu'inconsciente, s'exprime avec force.

La partie raisonnable pourra résoudre le conflit, en se disant et en expliquant aux autres qu'il ne faut pas se fier aux apparences : « Il est marié, mais il va bientôt quitter sa femme… Il est violent quand il boit, mais il en est conscient… Elle m'a déjà abandonné trois fois, mais cette fois-ci elle jure qu'elle ne le fera plus… » On justifie ainsi le fait de désirer celui ou celle qui, selon toute apparence, va nous faire souffrir. Il est tout aussi facile de trouver des raisons pour ne pas désirer : elle est trop vieille, il est trop jeune, elle est trop dominante, il est trop autoritaire, etc.

Pour comprendre l'origine et les enjeux de cette bataille entre la partie raisonnable et la partie inconsciente, mais souvent plus directive, il faut revenir au processus de construction de la capacité d'éprouver du désir. Nous y trouverons l'éclairage nécessaire pour dénouer ce genre de conflit.

Comment se construit la capacité d'éprouver du désir ?

France a connu une enfance dorée. Elle a eu tout ce qu'elle désirait sans combat ni efforts. Son entourage a souvent même devancé ses désirs. Elle n'a vécu aucun drame extérieur. Pourtant, aujourd'hui adulte, elle ressent un malaise intérieur, une forme d'ambivalence constante. Elle se sent obligée d'analyser ce qui est bon pour elle, elle ne le ressent pas. Elle n'a pas appris à éprouver suffisamment ses désirs pour y trouver une orientation et l'énergie qui pousse vers la recherche de la satisfaction. Elle a appris à se convaincre que ce qui est donné par l'autre est meilleur que ce qu'elle aurait pu acquérir ou conquérir elle-même.

Qu'est-ce qui a construit l'inconscient adulte qui désire, sinon ses anciens désirs et le trajet parcouru pour trouver une certaine satisfaction ? Il s'agit bien d'un trajet qui a laissé des traces, d'une route que l'on aura tendance à emprunter au lieu d'en construire une nouvelle. Ce fonctionnement s'est mis en place à partir des expériences vécues et, surtout, de ce qu'elles symbolisent encore aujourd'hui pour la personne. Même si elle ne se souvient pas de l'expérience comme telle, elle sera influencée par le sens que celle-ci a pris pour elle. France ne s'en souvient peut-être pas, mais les gentillesses de ses parents ne laissaient aucune place à ses propres désirs. Ses parents désiraient pour elle. Comment se distancier de ceux qui vous donnent tant ? Comment oser croire qu'on saurait mieux qu'eux ce qui est bon pour soi ?

Le développement de l'être humain est parsemé de désirs conflictuels : l'enfant veut à la fois ne faire qu'un avec sa mère (désir de fusion) et s'en séparer (désir d'autonomie). Il veut à la fois remplacer le mari de sa mère, ou la femme de son père, et garder intacts le couple parental et sa relation avec l'autre parent. L'adolescent veut sa liberté pour découvrir le monde et la sécurité que lui apporte sa famille. L'adulte veut aimer, mais il craint de revivre certaines douleurs affectives. Le trajet parcouru pour trouver une solution satisfaisante à ces conflits est probablement ce qui différencie le plus une personne d'une autre. N'ayant rencontré que peu d'opposition à ses désirs, France n'a pas pu tracer sa propre voie, à coups de choix, de compromis, de deuils et de négociations. Adulte, elle manque d'énergie et de motivation. Elle s'attend à ce qu'une rencontre vienne combler sa vie… sans trop savoir ce qu'elle recherche au juste.

Le complexe d'Œdipe

Il est difficile de parler de désir sans faire référence au complexe d'Œdipe et surtout à sa résolution. Pour comprendre l'essentiel de ce qui se passe, imaginons l'enfant dans un triangle. Il occupe l'un des points et ses parents, les deux autres. Tout naturellement, il désire être le plus près possible de sa mère ou de son père, selon les stades de son développement. Mais il rencontre des obstacles importants, tant sur le plan biologique (taille, maturité) que social (interdit de l'inceste, reconnaissance du couple comme entité) et interpersonnel (affirmation de la place de chacun dans la famille, amour différent pour un conjoint et pour un enfant). Tout aussi naturellement, il ressentira de la jalousie et de la colère envers celui ou celle qui a accès à ce qui lui est refusé.

La plupart du temps, on parle de la forme « positive » du complexe d'Œdipe, c'est-à-dire de celle qui fait référence à l'ancien mythe d'Œdipe : désir de mort du personnage de même sexe et désir sexuel pour le personnage de sexe opposé. Le petit garçon désire se rapprocher de sa mère et la petite fille, de son père. Mais l'inverse est également vrai, c'est la forme « négative » du complexe d'Œdipe : dans certaines phases du développement, la petite fille désire la place de son père auprès de sa mère et le petit garçon, celle de sa mère auprès de son père. Dans tous les cas, et c'est ce qui en fait un « complexe », le parent qui occupe la place convoitée est à la fois jalousé, parfois haï, craint et... désiré. La question qui se pose alors devient : « Comment pourrais-je te prendre ce que tu aimes, t'éliminer, sans que tu m'en veuilles, et en continuant de t'aimer ? » Car pour que l'enfant puisse résoudre ce dilemme, il faut une condition essentielle : il doit pouvoir désirer sans que le désir se réalise (inceste) et haïr sans que l'autre ou le lien soit détruit (rejet, abandon). Le conflit existe aussi vis-à-vis du couple des parents : l'enfant veut à la fois défaire ce couple, pour s'introduire à la place qu'il désire auprès de l'un ou de l'autre, et le maintenir, puisque c'est justement ce lien qui est à l'origine de son existence, qui témoigne de son identité et qui constitue, à plusieurs points de vue, sa sécurité.

Dans le mythe d'Œdipe, le malheur qui poursuit Œdipe après le meurtre du père et le mariage avec la mère représente bien l'interdit de l'inceste. Cette interdiction constitue un fondement important de toute société. Dans l'individu cependant, la résolution du complexe d'Œdipe implique non seulement l'interdit de l'inceste, mais la résolution du dilemme fondamental entre le désir et les interdits. France n'a pas été victime d'inceste mais, d'une certaine manière, elle a été la partenaire privilégiée de sa mère et de son père. Elle n'a pas rencontré les interdits qui lui auraient permis de se reconnaître comme différente d'eux, de développer sa propre manière d'identifier et de satisfaire ses désirs. Cela arrive souvent lorsque les parents, en tant que couple comme en tant qu'individus, ont une vie assez vide qu'ils cherchent à combler par celle de leur enfant. C'est ce qui s'est passé pour les parents de France : ils se sont emparés des désirs de leur fille pour les faire leurs et les réaliser.

Un grand nombre d'interdits s'opposent aux désirs et, plus spécifiquement, au désir sexuel et amoureux. Qu'ils découlent de la religion, de la morale, de la société et de ses sous-groupes, de la famille elle-même ou tout simplement de la réalité et des contraintes qu'elle impose, ces interdits placent régulièrement la personne devant un dilemme : donner libre cours au désir, et risquer une perte, ou se conformer entièrement aux interdits et brimer cette énergie en soi que constitue le désir sexuel. La plupart des individus, enfants puis adultes, trouvent des solutions de compromis qui leur permettent à la fois de donner vie à la réalisation de certains désirs et de faire le deuil de certains autres, pour diriger leur désir vers un objet permis. La jeune fille fera le deuil du père et de ce qu'il représente, pour se laisser attirer par un garçon de son âge, sinon elle sera attirée uniquement par des professeurs, des patrons ou toute autre figure paternelle.

La reconnaissance du désir

Le cas de France montre bien que pour arriver à reconnaître ses propres désirs, l'enfant a besoin que ceux-ci soient reconnus par une personne significative. Il a aussi besoin de sentir que l'autre a ses désirs propres. C'est ainsi qu'il apprendra à faire la différence entre un désir qui est en lui et un désir qui appartient à l'autre. L'adulte totalement dévoué à la satisfaction du désir de l'enfant, et qui fait abstraction de ses propres désirs, ne lui rend pas service. L'opposition entre soi-même et les autres contribue à la connaissance de soi et, ultimement, à l'affirmation de soi. Trop souvent, des jeunes (et des moins jeunes) vivent dans la confusion au niveau du désir : ils ne savent pas ce qui appartient à leurs parents et ce qui leur appartient en propre, dans la poursuite de leurs objectifs. On le voit, la nécessité de la reconnaissance de son désir dépasse largement le cadre de la relation amoureuse.

La complexité du désir féminin

Si le désir est, par définition, l'attrait pour ce qui est susceptible d'apporter du plaisir, il serait normal qu'il donne lieu à des comportements qui visent sa satisfaction. Il serait également normal qu'il diminue lorsque ce qui était désiré s'avère décevant. Or, chez un assez grand nombre de femmes, cela ne semble pas être le cas. On peut aussi observer cette discordance entre désir et recherche de satisfaction chez certains hommes, mais cela paraît beaucoup plus rare. Pourquoi ? Le désir féminin serait-il d'une complexité particulière ? Il semble bien que oui[15].

Face au désir de l'autre

Les différences homme-femme dans leur fonctionnement général et, en particulier, dans la relation amoureuse, constituent un sujet qui pourrait faire l'objet de tout un livre. On ne peut cependant passer sous silence le problème que pose ici la compréhension du désir féminin.

Le désir féminin est souvent diffus, difficile à identifier clairement par la femme elle-même. Lorsqu'il l'est, il ne mène pas nécessairement à l'expression et aux gestes qui seraient susceptibles de lui apporter satisfaction : rencontre de l'autre, séduction, etc. Il semble que le « désir de... » soit chez plusieurs femmes moins présent que le « désir d'être désirée par... » Ce désir se manifeste encore souvent par l'attente plutôt que par la prise d'initiatives. Il semble aussi que le désir puisse être déclenché et maintenu chez elles par le simple fait que l'autre ait besoin d'elles, même si elles ne trouvent pas satisfaction à leurs propres besoins.

Chez les femmes, une partie est vivante quand l'autre les désire ou a besoin d'elles. Et ce besoin d'être désirées, voire indispensables, dépasse souvent tous les autres. Elles en arrivent même à accorder très peu d'importance à ce qu'elles désirent, elles. Que signifie cette attitude particulière : veulent-elles être avec l'autre ou souhaitent-elles plutôt que l'autre leur fasse sentir qu'elles sont importantes ? On peut voir des traces de cette tendance dans la simple description d'une rencontre : « Il a dit... Il pense que... Il souhaite... Il veut... Il ne veut pas... Il me voit comme... » Tout est ramené à l'homme.

« Mais toi, qu'as-tu ressenti et que veux-tu de cette relation ? » leur demandera leur meilleure amie. La réponse sera proba- blement : « Je veux être amoureuse. »

On ne change pas l'inconscient collectif en quelques généra- tions. L'image du Prince charmant qui donne vie à la Belle au bois dormant n'est pas encore tout à fait effacée, et la magie du baiser encore trop souvent recherchée. On en trouve l'exemple ultime dans le cas de la femme violentée psycholo- giquement ou physiquement, attendrie par le fait que son conjoint exprime son besoin d'elle. Elle pourra courir le risque de reprendre la relation avec lui, même si elle sait qu'elle met sa vie en danger.

Le stéréotype de la féminité vue comme une attitude passive, de la femme qui est l'objet du désir de l'homme et qui n'a pas ses désirs propres, est combattu avec une certaine énergie, par- ticulièrement depuis l'évolution du mouvement féministe. En effet, il s'agit là d'une généralisation, et il n'y a pas lieu d'ac- cepter comme réalité immuable une perception qui, bien qu'ayant un fort ancrage dans la réalité, se trouve sous l'in- fluence de la culture et possède donc un potentiel de change- ment. Il faut cependant se rendre à l'évidence : même aujourd'hui, et malgré les changements amorcés tant au ni- veau de la structure sociale que de la configuration de la fa- mille, du couple et des relations homme-femme en général, le désir féminin joue un rôle plus effacé que le désir masculin dans la création de la relation amoureuse et dans sa structure.

Malgré l'évolution de la place de la femme dans toutes les sphères de la société, dans le domaine amoureux, la recherche de ce qu'elle est, de ce qu'elle veut, de ce qu'elle peut faire sans être rejetée, sans faire peur, sans être jugée, est loin d'être terminée. Un trop grand nombre d'entre elles investissent encore davantage dans l'identification du désir de l'autre à leur égard, et à l'égard de la relation, que dans l'identification et l'affirmation de leur propre désir. Elles s'en remettent encore très souvent, bien malgré elles dans plusieurs cas, à ce que l'homme désire. Des femmes, tout à fait autonomes dans différentes sphères de leur activité, vivent leurs relations amoureuses de façon soumise. Elles savent s'affirmer, mais en amour elles perdent leurs moyens. Ailleurs, ce sont des chefs de file, ici, elles doutent constamment. Pourquoi ?

La tâche particulière de la fille

La fille a comme première figure d'identification sa mère. À l'intérieur de cette mère, il y a bien entendu une femme, mais l'enfant ne la perçoit que dans un deuxième temps. Or, l'image maternelle est asexuée, associée au respect, à la dignité, à l'altruisme. C'est une image très valorisée et, pour la fille, il n'est pas nécessaire d'attendre d'avoir des enfants pour s'en inspirer. D'autre part, les parents ont généralement plus de difficultés à composer avec la sexualité de leur fille qu'avec celle de leur fils ; ils manifestent davantage d'anxiété par rapport aux conséquences possibles de son activité sexuelle : maternité précoce, violence, abus. Dans ce contexte, il est possible que la fille soit davantage attirée par l'identité maternelle que par l'identité féminine sexualisée. Être mère serait à la fois plus rassurant et plus valorisé qu'être femme, du moins de manière inconsciente.

Une autre difficulté vient du fait que certaines femmes aujourd'hui paraissent être plus adolescentes que mères. Malgré leur trentaine ou leur quarantaine, elles s'habillent comme leur fille, se font appeler par leur prénom, veulent rester jeunes à tout prix. Elles ont du mal à s'ajuster à la partie mère d'elles-mêmes, elles cherchent plutôt à être une amie pour leur fille. Malgré les apparences, ce type de mère ne rend pas la tâche plus facile à la fille. Celle-ci peut percevoir sa mère comme une rivale et avoir tendance à s'opposer à elle dans son identification.

De plus, l'expression de la sexualité de la fille ne fait pas peur seulement aux parents. Les garçons aussi ont leur propre empreinte inconsciente. Celle-ci les incite à être les instigateurs de la sexualité, et les filles, généralement plus précoces, peuvent les effrayer. Elles en déduiront que l'expression de leurs désirs sexuels n'est pas bien vue. Celles qui ont été critiquées, jugées ou rejetées pour des comportements sexuels jugés inappropriés, ou qui ont vu d'autres filles l'être, nourrissent une crainte à l'égard de l'expression de leur sexualité. De là à ce qu'elles attendent la permission de l'autre ou l'autorisation du désir de l'autre pour éprouver du désir, il n'y a qu'un pas.

La sexualité et la relation amoureuse sont sous l'influence de facteurs plus subtils que les relations de travail et le succès professionnel. Il faut plus de temps pour que les modèles se transforment dans l'inconscient collectif et individuel. Qu'on le veuille ou non, l'image de la Belle au bois dormant est encore présente dans l'inconscient féminin. Et avoir à défricher son chemin dans la forêt qui mène à l'homme convoité est souvent perçu comme une perte de sentimentalité.

Les filles ont donc une tâche difficile à accomplir : se séparer de leur mère et trouver en elles la femme qu'elles veulent devenir. Dans le meilleur des cas, elles arrivent à percevoir la femme en leur mère et le désir de leur père pour cette femme, et réciproquement. Elles pourront donc s'identifier à une femme qui désire un homme qui la désire. Si, de plus, elles ont une relation avec leur père dans laquelle celui-ci partage certains intérêts avec elles, tout en les reconnaissant comme filles, s'il leur est permis d'avoir accès au monde extérieur, tout en jouissant du bien-être de l'intimité de la famille, elles pourront à la fois vivre leur autonomie et leur sexualité.

On voit à quel point un grand nombre d'éléments, tous plus exigeants les uns que les autres, sont nécessaires pour arriver à cette conclusion. Il n'est peut-être pas étonnant que tant de femmes accèdent à leur autonomie au prix de plusieurs deuils. Lorsque le père est plus ouvert sur le monde extérieur et que la mère semble avoir payé de son identité de femme les satisfactions de la maternité, il est possible que la fille choisisse de rechercher ce qu'a le père, en prenant les moyens du père. Elle pourra ainsi réussir dans ses projets professionnels, en s'appuyant sur le modèle masculin. Elle ne pourra cependant pas s'appuyer sur le modèle féminin pour atteindre ce qu'elle désire dans sa vie affective, puisqu'elle n'y a pas eu accès. Dans le domaine de la séduction et de l'expression du désir, le masculin ne se remplace pas par du féminin et réciproquement : une femme peut difficilement séduire un homme en adoptant une attitude « virile ».

Lorsque la vie affective de la mère est totalement animée par la relation avec ses enfants, il n'y a plus de place pour une relation sexualisée avec un homme. La femme en elle est alors difficile à reconnaître pour sa fille. De plus, il arrive que le père lui-même associe surtout sa conjointe à son rôle et à son identité de mère, comme s'il devenait lui-même un enfant de plus. Comment alors, pour la fille, concevoir une relation sexualisée entre les deux partenaires ? On retrouve souvent cette dynamique familiale dans l'enfance des femmes qui aiment des hommes immatures, qui les font souffrir de différentes façons : violence physique, abandons multiples, etc. Mais ils disent qu'ils ont besoin d'elles. Le désir de ces femmes est éveillé par le besoin de ces hommes. Il semble bien qu'elles se soient identifiées à une femme-mère qui aime un homme-enfant.

Dans d'autres cas, le père manifeste davantage de désir pour d'autres femmes que pour la sienne. La fille alors ne peut s'identifier qu'à la femme-mère qui aime un homme-qui-en-désire-une-autre ou à cette autre femme qui suscite le désir du père sans occuper la place de conjointe. Elle pourra avoir tendance à créer des relations soit avec un homme qui la trompe, mais lui accorde la place de conjointe, soit avec un homme qui a déjà une conjointe.

Pour chaque femme, qu'elle ait ou non des enfants, il est donc très exigeant de conserver un sain équilibre entre son identité de mère et son identité de femme. Chaque fille doit aussi trouver cet équilibre et elle doit le faire à partir de bonnes identifications, tant chez sa mère que chez son père, comme on l'a vu dans la partie traitant de la construction de l'identité. Bien sûr, pour désirer, il n'est pas nécessaire d'être seulement femme. Toute relation comporte un aspect altruiste : l'aimée veut apporter quelque chose à l'amoureux. D'ailleurs, hommes et femmes ont besoin de sentir qu'ils enrichissent la vie de l'autre pour être capables d'éprouver du désir. Mais ce mouvement ne devrait pas être le seul moteur du désir. Trop souvent, on voit que ce qui mobilise une femme dans la relation amoureuse, c'est le désir de sauver l'autre : « Je peux le sauver, donc je le désire. » Le mouvement le plus sain, tant chez l'homme que chez la femme, pourrait se traduire en ces termes : « Je peux lui apporter quelque chose et je sens que lui aussi m'apporte quelque chose… » La satisfaction qui naît d'un amour partagé est à ce prix.

La nécessité de faire des deuils

Comme tous ses désirs étaient satisfaits d'avance, France, nous l'avons vu, n'a pas eu à faire de deuils dans son enfance. Elle n'a pas eu à renoncer à certains désirs dont la satisfaction n'était pas à sa portée ou dont l'objet ne lui convenait pas. Elle n'a pas eu à accepter de pertes ou si peu. C'est pourtant le lot de tout être humain. Être confronté à ses manques et y répondre constitue la base de la maturité, de la liberté et, finalement, du bonheur. Car c'est en abandonnant la poursuite de l'idéal que l'on a accès à la réalité, en quittant le bien-être de la fusion avec la mère que l'on construit sa propre vie, en faisant le deuil de son père comme partenaire amoureux que l'on conserve un père et que l'on devient accessible à d'autres hommes, en faisant le deuil d'un ex-amoureux que l'on peut s'ouvrir à une nouvelle relation, etc.

Le processus du deuil entraîne nécessairement un sentiment de tristesse vis-à-vis de ce que l'on doit abandonner ou de ce qui est perdu. Mais la tristesse est un sentiment tolérable et surmontable, bien plus que l'angoisse qui accompagne la recherche de l'impossible.

Le deuil peut être soit facilité soit compliqué par l'attitude de l'autre ou des autres. Dans une dynamique familiale, tous ont un deuil à faire : la mère et le bébé doivent faire le deuil de la symbiose, le père et la fille doivent faire le deuil de la séduction. Certaines mères, trop fragiles, s'obstinent à vouloir occuper la première place dans la vie adulte de leur enfant, qui n'a pu les laisser à elles-mêmes. Certains pères ont nourri les fantasmes de leurs filles à un point tel que celles-ci ont de la difficulté à trouver un homme aussi intéressant que leur père. Ces difficultés à laisser partir leur enfant se manifestent particulièrement dans les critiques sévères du choix amoureux de l'adolescent ou du jeune adulte. Le : « Il ne *te* va pas à la cheville » a souvent le sens caché de : « Il ne *me* va pas à la cheville. »

C'est le deuil des relations impossibles, dans l'enfance et à l'âge adulte, qui donnera accès à la richesse des relations interpersonnelles en général et des relations amoureuses en particulier. Dans la recherche de l'impossible, il y a absence de liberté. Lorsque France aura fait le deuil d'une relation sans conflits, lorsqu'elle acceptera la confrontation et la négociation avec un partenaire, elle pourra laisser parler son désir et se sentir attirée, malgré les exigences d'une telle relation.

L'authenticité du désir

On le voit, le désir est déterminé par des mécanismes qui sont davantage inconscients que conscients. Ces mécanismes se mettent en place dans l'enfance. Ils constituent peu à peu ce qui donne son originalité à une personne, ce qui la définit vraiment. L'inscription gravée au fronton du temple d'Apollon à Delphes : « Connais-toi toi-même », pourrait bien vouloir dire : « Connais tes désirs réels. »

Les obstacles à la connaissance de ses désirs

Toutes sortes d'obstacles se dressent sur le chemin de la connaissance de ses propres désirs. Les peurs et les croyances peuvent en interdire l'accès. C'est le cas des interdits parentaux, religieux ou culturels, par exemple.

Mais parmi les désirs ressentis ou reconnus, il faut aussi différencier ceux qui ont été déposés en nous par d'autres et qui ne nous appartiennent pas vraiment. Cela est vrai non seulement pour le désir amoureux, mais pour l'ensemble des désirs.

Nos parents, nos proches, la société, ont désiré pour nous. Il est tentant de leur donner ce qu'ils souhaitent et de nous convaincre nous-même que cela correspond à notre propre désir.

Dans la construction de la capacité d'éprouver du désir, la tâche de différencier nos propres désirs de ceux que les autres ont pour nous est certainement la plus difficile. En effet, ces derniers ont été inscrits en nous depuis si longtemps, par des personnes qui nous aimaient et que l'on aimait tellement, qu'ils peuvent être fortement vécus comme authentiques. Cependant, quand on les observe sérieusement, on découvre qu'ils sont privés d'une certaine énergie. Quelque chose fait que lorsqu'ils semblent satisfaits, le bonheur attendu n'est pas ressenti. Ou bien, au moment d'accéder à ce qui était désiré, l'intérêt disparaît… ou un geste accidentel fait en sorte que ce désir ne se réalise pas.

Désirs et croyances

Certaines croyances quant au bonheur ou à la normalité influencent aussi la connaissance des désirs réels. Le modèle du couple stable hétérosexuel, qui fait vie commune et a des enfants, est véhiculé comme la marque de la normalité, sinon du bonheur. Or, la pression sociale pour s'y conformer est telle qu'elle peut entraîner, chez une personne, soit l'incapacité de ressentir des désirs qui la conduiraient ailleurs, soit une lutte contre ses désirs et des choix volontaires qui ne seraient pas les siens.

C'est le cas de René qui s'est marié et a eu deux enfants, malgré une attirance pour les hommes. Il a cru pouvoir s'y soustraire en s'engageant avec Annie, pour qui il avait un grand respect. Il a été un bon père et un bon mari, quoique distant sexuellement, jusqu'à ce qu'il perde toute motivation pour tout : ne plus avoir envie de travailler ni de rentrer à la maison, de sortir avec Annie ou de s'occuper des enfants. Tout lui pesait et Annie, qui ne le reconnaissait plus, le poussait à entreprendre une démarche thérapeutique. René hésitait à le faire, et pour cause. Plus ou moins consciemment, il entrevoyait bien ce qu'il devrait s'avouer à lui-même et les conséquences sur toute l'organisation de sa vie. Pourtant, une fois les déchirements passés et la réorganisation de la vie familiale effectuée, René et Annie sont devenus des amis. Ils assument leur coparentalité comme un projet commun, avec ses difficultés particulières.

Désirs et peurs

Pourquoi aurait-on peur de ce que l'on désire ? Il semble tellement évident, du moins à première vue, qu'il ne peut y avoir de conséquences négatives au désir de former une relation heureuse avec une personne qui nous plaît vraiment.

L'observation du malheur amoureux chez les autres, particulièrement de nos jours où les enfants ont très tôt accès aux drames amoureux de leurs parents, construit souvent un filtre assez puissant au désir. Les critiques envers les hommes, envers les femmes, entendues dans le nid familial déchiré, sont souvent faites siennes par l'enfant, au point où, adulte, il ne trouve aucune femme ou aucun homme digne de son désir. Quand les parents critiquent les choix de partenaires de leur adolescent, à partir de ce qui semble être un détail : cheveux trop longs ou trop courts, façon de s'habiller trop sexy, taille, langage, humeur, etc., ce discours continue souvent de se faire entendre dans l'adulte qui cherche à établir une relation amoureuse et qui ne trouve pas de partenaire parfait.

Du point de vue de l'individu, le choix amoureux s'insère dans la dynamique de ses autres relations importantes, passées et présentes. Se permettra-t-elle ce que sa mère ne s'est pas permis ? Se fera-t-il avoir comme son père disait s'être fait avoir par les femmes ? Aura-t-elle l'impression d'abandonner sa famille d'origine, en se laissant attirer par un partenaire qui appartient à un autre monde ?

Jeannine est une jolie femme qui souhaiterait vivement former un couple et une famille. Elle est d'une élégance irréprochable. Rien, toutefois, ni dans ses vêtements ni dans son attitude, ne traduit un désir de séduire ou d'être vue comme une femme sexualisée plutôt que comme une grande dame. Elle a vécu dans une famille perturbée par l'alcoolisme du père. La mère a toujours semblé honteuse de son choix amoureux, le père, et elle réprouvait toute manifestation de sexualité chez ses filles. Craignait-elle de les voir faire de mauvais choix de vie à partir de leur seule attirance ? Redoutait-elle de les voir réussir là où elle-même avait échoué ? Quoi qu'il en soit, Jeannine désire rencontrer l'amour, mais s'en protège en même temps. Elle combat ainsi les peurs déposées en elle par sa mère et elle évite de réussir là où celle-ci a connu l'insuccès.

Le choix amoureux révèle quelque chose de l'intimité d'une personne, dans la mesure où il est une expression de l'inconscient. Cet inconscient est habité de relations intimes antérieures. Parfois, l'intimité cache un secret plus ou moins lourd, secret personnel ou familial. Dans certaines familles, les secrets sont plus honteux que dans d'autres, ce qui expliquerait qu'aucun partenaire ne soit jamais suffisamment parfait pour masquer ce qui doit rester caché ou pour corriger à lui seul l'image troublante de la famille ou du couple.

Le rôle de l'imaginaire

Le partenaire parfait existe… dans l'imaginaire. C'est d'ailleurs là qu'il fait le plus de ravages. Il éloigne la personne de la possibilité de créer un lien réel. C'est parce que **Louise** (chapitre 1) en a pris conscience qu'elle a pu se rapprocher de son collègue de travail dont l'intelligence et l'humour lui plaisaient tant. Après toutes ces années où elle s'était empêtrée dans des relations avec des hommes mystérieux et inaccessibles, elle a enfin accepté de faire le deuil de l'homme idéal et d'être nourrie par cette relation réelle, malgré les failles à accepter et les accommodements à faire.

L'incapacité d'éprouver du désir

C'est une image dramatique que celle d'une personne qui ne désire rien. Ce trait se retrouve en particulier chez ceux et celles qui souffrent de dépression profonde. Mais l'incapacité à éprouver du désir peut plus souvent venir d'une incapacité à être en contact avec ses propres désirs. Les personnes qui en témoignent disent ne pas savoir ce qu'elles désirent, ne pas savoir ce qui leur plaît. Elles font ce qu'il faut faire ou ce que les autres attendent d'elles. Dans le meilleur des cas, elles sont conscientes qu'elles agissent de cette façon et cherchent à mieux se connaître. Mais la plupart du temps, elles se sentent agressées par les exigences extérieures, à force de chercher à y répondre, mais poussées malgré elles à le faire parce que sinon, ce serait le vide.

Pierre est toujours entouré de belles femmes. Ses amis et sa famille le félicitent pour son bon goût. Un jour, il prend conscience qu'il est en train de séduire une femme qui ne l'attire pas du tout, bien qu'elle soit très belle. En fait, il ne sait pas encore quel type de femme l'attire vraiment, mais il commence au moins à savoir ce qui lui vient du désir des autres. C'est un bon début. Petit garçon, il aimait beaucoup sa mère, mais il ressentait le mépris de son père pour elle. Il en est resté confus : était-il capable d'identifier ce qui est bon chez l'autre, de désirer « le bon » autre ? Adulte, il a donc voulu à la fois trouver une femme qui possédait des caractéristiques attrayantes, afin d'être rassuré sur son choix, et éviter qu'elle soit l'objet de critiques déplaisantes. Il croyait faire un excellent compromis en mettant l'accent sur l'image, sur la beauté classique. Le seul signe qu'il ne répondait pas à son véritable désir se manifestait dans la faible durée de son désir pour la femme « choisie ». Il s'en désintéressait rapidement.

Tous les désirs ne peuvent et ne doivent évidemment pas trouver satisfaction. Cependant, si trop peu de mes désirs sont reconnus ou satisfaits, j'acquiers le sentiment qu'il ne sert à rien de les reconnaître ou de les faire connaître. Je perds ainsi contact avec mon seul vrai guide dans les choix à faire, particulièrement les choix amoureux.

L'individu motivé par un seul désir serait un automate. La présence de plusieurs désirs, ou de désirs et de peurs, mène à des compromis que la personne fait le plus souvent sans s'en rendre compte, au point où ces compromis sont souvent vécus comme ne lui appartenant pas, se passant malgré elle. Par exemple, dans une famille où tout ce qui transparaît de la sexualité de la fille trouble la mère, celle-ci réagira de façon à éliminer son propre trouble, soit en niant, soit en critiquant sa fille pour ses comportements ou attitudes. La fille devra donc chercher une solution de compromis permettant de tenir compte à la fois de ses pulsions sexuelles et du désir de plaire à sa mère. Une solution pourra être trouvée dans le fait d'être attirée par des hommes inaccessibles, par exemple. Ainsi, la pulsion peut vivre, prendre toute la place même, sans que rien dans le comportement ou dans la réalité ne puisse lui être reproché. Mais son désir réel ne s'exprime pas, ne trouve pas satisfaction.

Un désir authentique

À quoi peut-on reconnaître que son désir est authentique? Principalement en ce qu'il est source d'énergie. Et cette caractéristique ne vaut pas seulement pour le désir sexuel mais, plus largement, pour toute aspiration fondamentale qui anime une vie : embrasser une profession, réaliser un rêve d'artiste, construire une famille ou militer pour une grande cause.

Le vrai désir rend capable d'abandonner la poursuite d'autres satisfactions sans en souffrir. Il rend capable d'affronter calmement les peurs ou de l'opposition. Mais plus encore, il donne le sentiment que ce qui est recherché est plus important que d'autres désirs qui d'ailleurs peuvent cohabiter. Ce désir devient le fil conducteur de la vie, un guide auquel on peut se fier. En même temps, il donne le sentiment d'être en harmonie avec soi-même et avec les autres, le sentiment d'être unifié.

Le vrai désir permet aussi d'accepter les lenteurs et les délais dans sa réalisation, les aléas de la vie. Il s'insère bien dans la réalité et il est capable d'en tenir compte. Et quand il se réalise, on éprouve de la satisfaction, une satisfaction durable.

Si j'arrive à une rencontre amoureuse avec la capacité d'éprouver un désir authentique et de démasquer les contrefaçons que peut prendre mon désir, je deviens capable de lire en moi-même ce qui est moteur dans mes choix. Cette clarté ne pourra déboucher que sur des relations dans lesquelles je me sentirai à l'aise.

***

Il faut retenir de cette première partie que les racines de la relation amoureuse sont en chacun de nous et que la rencontre de deux partenaires potentiels est d'abord et avant tout la rencontre de deux personnes ayant chacune leur histoire. En étant attentif à ce qui se passe en soi dès les premiers rendez-vous, on pourra apprendre à mieux se connaître et à faire de meilleurs choix. Ce que sera ou ne sera pas le lien qui est en train de se créer ne dépend pas exclusivement des souhaits exprimés objectivement et des caractéristiques visibles de chacun. Une dynamique s'installe dès les premiers moments. Elle influencera et sera influencée par ce qui sera vécu aux étapes ultérieures, dans l'évolution de l'attachement.

DEUXIÈME PARTIE

L'évolution de la relation

CHAPITRE 3
Les composantes de la relation

Si les rencontres ont permis de faire naître un attrait entre deux personnes, une relation va s'amorcer. Elle aura autant de formes que peuvent en créer les deux partenaires qu'elle réunit. Elle se transforme, subit des chocs, traverse des étapes, agit sur ceux qui la vivent, comme eux sur elle. Qu'est-ce qui donne de la consistance à une relation ? De quoi est-elle faite ?

Stéphane et Louis sont deux amis qui ont amorcé des relations amoureuses à peu près au même moment. Ils avaient le même but : construire une relation stable, avoir des enfants, se donner une vie simple et heureuse. Stéphane a trouvé ce qu'il cherchait. Louis a trouvé ce qu'il croyait chercher.

Stéphane avait rencontré Maryse en voyage. Elle ne voulait pas quitter sa Gaspésie natale et son travail de guide touristique. Il terminait ses études à Québec. Malgré la distance, ils ont réussi à maintenir la relation vivante. Lorsque Stéphane a obtenu son diplôme, des choix se sont imposés : donnaient-ils priorité à cette relation au point d'être disposés, chacun de leur côté, à effectuer des changements dans leurs projets professionnels ? Étaient-ils suffisamment convaincus de leur sentiment amoureux ? Arriveraient-ils à s'entendre dans le quotidien ? Que risquaient-ils de perdre en s'engageant ?

Stéphane et Maryse avaient une certitude : leur désir l'un pour l'autre. Au cours des conversations et des moments de partage du quotidien pendant les week-ends et les vacances, ils avaient découvert qu'ils aimaient l'intimité qui se créait entre eux. Les quelques décisions qu'ils avaient eu à prendre (destinations de vacances, choix de spectacles, etc.) et les conflits qu'ils avaient dû résoudre leur permettaient de croire qu'ils pouvaient s'entendre raisonnablement. Les amis de Stéphane ne plaisaient pas vraiment à Maryse, et la famille de celle-ci était un peu trop envahissante aux yeux de Stéphane. Ces sujets demeuraient délicats. La relation comportait donc quelques bases solides et promettait quelques défis à relever. Ils ont décidé de profiter des unes pour faire face aux autres et ils en sont fort heureux aujourd'hui. Ils ont finalement déménagé à Rimouski, où Maryse a pu trouver un travail dans son domaine. Stéphane a fait un compromis acceptable sur la carrière plus glorieuse que pourrait lui offrir un grand centre. Leur vie est différente de ce qu'elle aurait été s'ils ne s'étaient pas rencontrés. Ils ont fait des deuils et des découvertes mais, surtout, ils ont créé une relation qui est aussi précieuse pour l'un que pour l'autre.

Louis, lui, avait eu un début de relation plus facile avec **Monique**. Ils habitaient la même ville, leurs amis et leurs familles se ressemblaient. Ils s'entendaient sur tout. La première année de leur amour a été un paradis : vie sexuelle intense, intimité partagée, aucun conflit. Avec le temps, Louis a commencé à s'ennuyer. Il voulait tellement que tout aille bien qu'il ne disait pas ce qui le dérangeait. Il ne voyait plus ses amis parce que Monique était jalouse de l'une des filles du groupe. Un soir, il est sorti avec des collègues de bureau, s'est soûlé et a couché avec une partenaire de travail. Le lendemain, Monique a posé des questions, il a avoué la vérité et ce fut la rupture. Louis et Monique s'étaient fondus l'un dans l'autre. Ils n'avaient pas réellement créé de relation.

Lorsque notre regard se porte sur les couples et sur les individus qui nous entourent, nous ne pouvons pas éviter la question : pourquoi y a-t-il une relation entre ceux-là et pourquoi les autres se retrouvent-ils seuls ? Les événements et le discours objectif peuvent donner des réponses rapides : « Ça n'a pas marché parce qu'il l'a trompée. » Mais pourquoi l'a-t-il trompée, lui qui, pourtant, voulait maintenir une relation avec elle ? Les apparences sont parfois mensongères, toujours insuffisantes en tout cas pour répondre à ces questions. La relation est faite d'ingrédients plus ou moins subtils, appartenant à l'un et à l'autre partenaire. L'importance de la dynamique permet de déclarer que « le secret est toujours dans la sauce ».

Comme tout ce qui vit, la relation amoureuse est composée de différents éléments qui sont eux-mêmes vivants : la passion, l'intimité et l'engagement[15]. On peut voir la passion prendre beaucoup de place au début, alors que l'intimité et l'engagement augmenteront progressivement. La passion pourra connaître des hauts et des bas, l'engagement être pris puis remis en question, l'intimité recherchée puis évitée, la passion se transformer en attachement, etc.

Si la passion est surtout liée au désir, l'intimité se situe davantage dans le registre de l'émotion et l'engagement, dans celui de la prise de décision. Il est intéressant de noter le parallèle entre les composantes de la relation et les différents niveaux de fonctionnement de la personne : physique, émotif, cognitif. Ensemble, ces différents niveaux et ces composantes donnent vie à l'entité qu'est la relation. Ils ne sont pas complètement indépendants l'un de l'autre, mais se chevauchent et s'influencent.

LA PASSION

Claudia vit des relations passionnées : euphorie du début, peur de perdre l'autre, conflits violents, rupture, détresse. Mélissa et Carlo ont eu un début de relation époustouflant : ils s'absentaient du travail pour être ensemble, ne voyaient plus leurs amis, ne faisaient plus le ménage et les courses, la vraie folie ! Ils se sont aujourd'hui calmés, mais ces moments intenses ont soudé leur relation. Sophie et Ralph vivent des hauts et des bas, ils se sentent attirés l'un par l'autre, puis distants. Au début, ils remettaient la relation en question lorsque l'un ou l'autre vivait des creux. Maintenant, ils savent qu'ils peuvent avoir confiance : le désir reviendra.

La passion fait référence à l'attraction sexuelle, bien sûr, mais aussi à d'autres formes de motivation ou d'excitation qui créent cette expérience d'extase, de plénitude, en présence de l'autre, de recherche effrénée de sa compagnie et de son amour. Chacun sait que ce sentiment s'estompe au cours de la relation, pour revenir à certains moments, généralement sous une forme différente. Mais qu'est-ce qui suscite la passion ? Et qu'est-ce qui fait qu'elle s'estompe, se rallume, s'éteint de nouveau ? Au cours des chapitres précédents, on a pu mesurer l'impact, dans la naissance du lien amoureux, de différents facteurs liés tant à l'identité qu'au style d'attachement, aux peurs qu'au désir. L'exaltation peut s'expliquer par l'effet croisé de plusieurs de ces éléments, rarement par un seul. La réalité et l'imaginaire se bousculent souvent de manière à embrouiller les pistes, du moins pour l'observateur extérieur.

La place de l'imaginaire dans la passion

En chacun de nous se trouvent des désirs, des manques et des modèles de ce que l'on a vécu ou idéalisé, de ce que l'on souhaite revivre ou réparer. La rencontre amoureuse déclenche la passion dans la mesure où il y a place pour l'imaginaire. N'oublions pas que l'être humain est naturellement en recherche d'idéal. Si l'occasion lui est donnée de penser qu'il touche ou touchera de près à son rêve, il est fasciné.

Dans le domaine amoureux, l'idéal recherché est l'harmonie totale avec un autre être humain, une complémentarité physique et psychique. La solitude existentielle est alors suspendue et laisse place au sentiment de former un tout avec l'autre. À partir de certains indices correspondant plus ou moins à la réalité, l'imaginaire élabore une perception de l'autre et de la relation. La passion est d'autant plus grande que les deux sont perçus comme ayant le pouvoir d'apporter satisfaction aux désirs, aux besoins et aux rêves, d'engendrer une vie nouvelle. On comprend pourquoi, dans une relation qui s'actualise, la ferveur diminue : les partenaires n'imaginent plus la relation, ils la vivent. L'autre n'est plus magique, il est réel. L'union n'est pas totale, elle est partielle. La solitude fondamentale demeure. Et avec elle, la liberté. Ce n'est pas une vie totalement nouvelle, mais sa propre vie qui continue. À l'opposé, les relations impossibles demeurent longtemps, sinon toujours, passionnées. Par nature, elles laissent plus de place à l'imaginaire qu'au réel.

Rose est amoureuse de Maurice depuis trois ans, bien qu'il soit marié et père de trois jeunes enfants. Il affirme, et elle le croit, que s'il le pouvait il vivrait avec elle, mais qu'il ne peut faire cela à ses enfants, en raison de leur âge. Rose accepte la situation. Leur passion est grande, ce qui laisse croire à Maurice qu'il serait beaucoup plus heureux avec Rose qu'avec sa femme. Rose, pour sa part, a rencontré d'autres hommes depuis le début de leur relation, mais tous lui semblaient ne pas arriver à la cheville de Maurice. Et pour cause ! Chaque moment que Maurice et Rose peuvent passer ensemble est précieux. De là à imaginer que la vie commune serait aussi magique, il n'y a qu'un tout petit pas. La femme de Maurice a des sautes d'humeur et des manies que Rose n'a jamais le temps de manifester en présence de Maurice. Les hommes que Rose rencontre ont des attentes que Maurice n'a pas. C'est ce Maurice et cette Rose imaginés qui se retrouvent après des séparations toujours trop longues, ce qui donne lieu à de grands moments d'ivresse. Et ils doivent bien le savoir au fond d'eux-mêmes, puisqu'ils continuent de vivre cette situation si difficile pour l'un comme pour l'autre. On a d'ailleurs vu plus d'une fois des « Maurice » quitter leur femme, non pas pour leur « Rose », mais pour une autre ! La passion et l'engagement ne fonctionnent pas selon les mêmes règles, comme on le verra plus loin, et il arrive que ce qui allume l'une (la passion) n'incite pas à l'autre (l'engagement).

Des degrés dans la passion

Les individus varient dans le niveau d'excitation qu'ils sont capables de ressentir et qu'ils recherchent, et ce, dès la naissance. Ces différences de tempérament sont présentes à tout âge et dans tous les domaines. Certains êtres font des choix amoureux totalement dénués de fougue : ils fondent un foyer avec une personne avec qui ils s'entendent bien et pour qui ils ont suffisamment de désir pour avoir une vie sexuelle acceptable, sans plus. D'autres, à l'inverse, ont tellement besoin d'exaltation qu'ils quittent la relation dès que la passion diminue ; ils sont constamment soit tout feu tout flamme, soit au bord de la rupture. Toutes les nuances entre ces deux extrêmes peuvent être envisagées.

Bertrand passe d'une relation à une autre, annonçant chaque fois qu'il a rencontré une femme extraordinaire qui le bouleverse totalement. Au bout d'un certain temps, l'excitation s'estompe et Bertrand se met à envisager une vie vide. Il a tellement besoin de l'intensité que procure un haut niveau de passion qu'il dramatise et fuit, pour recommencer le même cycle avec une autre. On peut facilement imaginer la souffrance infligée et ressentie au cours des années.

Dans l'évolution de la relation amoureuse, la passion varie nécessairement, parce que l'imaginaire fait place à la réalité. Chez ceux et celles qui recherchent la relation amoureuse pour combler de trop grandes carences personnelles, l'imaginaire fait non seulement œuvre d'embellissement, mais de fraudeur. Il permet de croire, pour un moment, que le temps est venu de cesser de souffrir, que le vide est comblé et les manques compensés, que l'amour idéal est enfin trouvé. La réalité peut alors se révéler fort décevante. En effet, la relation amoureuse, tout importante qu'elle soit dans la vie d'une personne, n'a pas le pouvoir de combler tous les besoins. Lorsque la relation est recherchée pour ce qu'elle est, que les deux partenaires ne comptent pas sur la passion amoureuse pour leur donner ou leur redonner la vie, l'amour peut s'installer et se transformer. Car la relation n'est pas en péril lorsque l'ardeur diminue.

L'INTIMITÉ

Intimité et passion

On peut vivre une passion sans intimité, comme on peut vivre de l'intimité sans passion. Les deux caractérisent le lien amoureux. Or, on a vu que la passion se nourrit grandement du fait d'imaginer l'autre. L'intimité, elle, consiste justement à connaître et à se laisser connaître par l'autre. Faire cohabiter ces deux aspects représente donc tout un défi.

Certaines relations comportent une grande passion, mais peu d'intimité. Les amoureux se désirent, vivent des expériences d'extase, mais communiquent peu. Ils partagent peu ou pas d'intérêts, peu d'activités de la vie quotidienne, peu de plaisirs autres que le sexe et ne se sentent pas vraiment concernés par le bien-être de l'autre. L'exaltation pourra persister sans que l'intimité se développe, mais généralement l'un des partenaires en souffre, surtout la femme. Le conflit intérieur est alors important : l'autre se trouve à la fois source de bonheur et de malheur, d'ivresse et de solitude. Combien de personnes se sentent trop seules après avoir fait l'amour et se demandent pourquoi une telle intensité est suivie de si peu de mise en commun sous forme d'échanges, de communication, d'entente ?

La passion et l'intimité constituent des formes de rapprochement qui, bien que fort différentes, s'additionnent. Et pour certains, la somme devient tout simplement : trop ! Ils vivent soit des liaisons passionnées, soit des amours distantes. Ils craignent la fusion, la perte de leur identité, le pouvoir ainsi donné à l'autre ou la trop grande place qu'occuperait la relation dans leur vie. Pour d'autres, au contraire, le désir de connaître et de se laisser connaître est matière à tisser le lien, tout autant que le désir sexuel.

L'intimité consiste aussi à se rapprocher l'un de l'autre non seulement dans les gestes, dans les activités et les intérêts, mais aussi dans l'émotion ressentie pour ce qui est vécu par l'autre. Tout se passe comme si sa propre vie était dédoublée : vibrer au bonheur de l'autre, souffrir de ses malheurs, partager son stress, être touché par son trouble, tout cela s'ajoute aux émotions de sa propre vie. On peut donc penser que l'intimité est aussi une source d'intensité qui, lorsque l'ardeur fluctue, assure la solidité de la relation.

La peur de l'intimité

Myriam raconte qu'après les premières rencontres avec un homme, elle a le sentiment de n'avoir plus rien à dire. Or, on sait que la pensée est incessante et que la parole en découle, que chaque personne a une histoire propre, et donc originale, à raconter. Mais lorsque quelque chose doit être caché, on a souvent le sentiment que rien ne peut être dit. L'intimité peut être évitée pour différentes raisons : la crainte de se laisser connaître en est une. Elle est vécue comme une sorte d'anxiété qu'un secret soit découvert, parce qu'une partie de soi devrait être dissimulée. Cette inquiétude ne s'exprime pas toujours clairement.

La consigne du secret intérieur peut aussi venir d'une interdiction formulée ou non dans la famille. On ne sait pas trop ce qu'il faut taire, mais il faut se taire à tout prix. Ou bien la confiance en soi est si faible que la personne a le sentiment que ce qu'elle pourrait montrer d'elle décevrait forcément l'autre. Ou bien c'est une culpabilité intense et inconsciente qui est vécue comme une crainte d'être découvert. Ces retraits face à la création de l'intimité ne sont pas toujours conscients ni visibles à l'œil nu.

La personne qui fuit une relation naissante ne le fait pas toujours parce que l'autre ne l'intéresse pas assez. Très souvent, au contraire, la peur de se montrer, de courir le risque de décevoir, ou celle de provoquer des fissures dans la coquille qui servait d'abri jusque-là, ou encore celle de lever le couvercle sur une marmite dont on ignore le contenu, peuvent pousser à fuir, justement parce que l'autre est attirant.

L'appréhension de la déception dans la connaissance de l'autre ou d'une mauvaise réaction de sa part est aussi un motif de fuite de l'intimité. Plus l'autre est rêvé, plus le besoin de l'idéaliser est grand, moins le désir de le connaître est présent. Comme si on sentait, en son for intérieur, que cette construction d'un idéal est nécessaire pour combler l'énorme distance entre ce que l'on souhaite et ce qu'une personne réelle peut nous apporter. Les déceptions antérieures auraient fait tant de mal que l'on est prêt à tout plutôt que de les revivre. On croit ne plus pouvoir faire confiance à son propre regard et à son jugement pour sentir ce qui, en l'autre, est bon pour soi et ce qui peut se révéler une difficulté, voire une embûche.

Pour certaines personnes, la crainte du rejet est telle qu'elles préfèrent se priver elles-mêmes du rapprochement plutôt que de courir le risque d'être repoussées. Imaginez lorsque les deux personnes éprouvent la même appréhension! Combien de relations ont avorté pour cette raison? Être repoussé fait mal, et cette frayeur est légitime. En réalité, c'est ce qui est interprété comme du rejet qui mérite d'être regardé de près. Toute nouvelle personne rencontrée possède son propre psychisme, ses propres inquiétudes, ses attentes réalistes ou non, et le fait qu'elle ne poursuive pas la relation ne signifie pas qu'elle méprise l'autre. L'harmonisation des idéaux n'a pas eu lieu. C'est décevant, mais ce n'est pas dramatique au point de chercher à fuir toute autre possibilité de rencontre.

Intimité et capacité d'ouverture

L'intimité fait appel à une certaine générosité, à un certain altruisme qui conduit à donner quelque chose de soi et à accepter de porter quelque chose de l'autre. On ne parle pas ici de prendre la ou le partenaire en charge entièrement ou de se donner totalement à lui, mais d'une ouverture qui ne menace pas l'intégrité personnelle.

Cette capacité se développe dès l'enfance, lorsque l'atmosphère des premières relations affectives permet d'établir la confiance nécessaire : ce qui est donné sera bien reçu et ce qui est porté ne sera pas trop lourd. C'est d'abord en lui-même que l'adulte doit avoir confiance pour oser s'offrir sans redouter d'être exploité, parce qu'il sait qu'il pourra établir ses limites.

S'intéresser à l'autre ne se résume pas au fait de connaître ses principales caractéristiques. Personne n'aura à répondre à un questionnaire établi d'avance. Être curieux de l'autre, c'est éprouver du plaisir à l'observer, tant pour voir ce qui nous différencie que ce que nous avons en commun dans notre façon d'être, d'appréhender non seulement la relation, mais la vie en général.

C'est pourquoi l'intimité exige du temps. On n'est pas proches parce que l'on a fait l'amour ensemble, après quelques heures. Oui, on a partagé une complicité sexuelle, on connaît le corps de l'autre et encore… On n'est pas non plus familiers parce que l'on a parlé de soi pendant des heures. On a peut-être une certaine connaissance des événements qui ont marqué la vie de l'un et de l'autre, de la perception que chacun a de lui-même, de ses attentes et de ses aspirations conscientes et avouables. Mais la réelle intimité découle du fait d'avoir vécu ensemble des banalités, des expériences, des découvertes qui nous ont permis de ressentir l'autre comme de se laisser découvrir. Et dans la construction de cette connaissance réciproque, il est impossible de faire l'économie du temps.

Intimité et partage du territoire

L'intimité se construit dans le temps, mais aussi dans l'espace, un espace qui ne saurait se restreindre aux murs d'une maison. Prenons l'exemple de Michel. Il est non seulement amoureux de Fabienne, mais il perçoit la vie de celle-ci comme beaucoup plus intéressante que la sienne. Les parents de Fabienne sont plus jeunes et plus dynamiques que les siens. Elle a des amis en grand nombre qui plaisent tout à fait à Michel. Elle a un style vestimentaire original, une alimentation très saine et un goût prononcé pour la musique émergente. Les décisions conjointes ne posent jamais de problèmes : Michel est toujours tenté par les propositions de Fabienne. Quand il exprime un goût ou un désir, il le fait timidement, et son amie n'a pas grand-chose à faire pour le convaincre que ce n'est pas l'idée du siècle.

Michel est entré entièrement dans le monde de Fabienne, mais contrairement à ce qu'ils croient l'un et l'autre, ils ne développent aucune relation étroite. Ce qui doit arriver arrive : Michel s'ouvre de moins en moins et Fabienne a peu accès à ce qu'il vit. De plus, la réelle intimité de couple, qui découle généralement de la négociation pour l'établissement d'un terrain commun, n'a pas vraiment la possibilité de prendre forme. Michel emménage sur le terrain de Fabienne. Ils n'ont pas le plaisir de construire ensemble le nouveau territoire du couple.

À l'opposé, Joanne et Sylvain n'ont pas cessé de se heurter à leurs différences sur plusieurs plans. Ils ont dû négocier pour déterminer ce qu'ils feraient ensemble ou individuellement, pour le choix de leurs activités de loisirs, pour les visites aux familles respectives, pour la préparation des repas, pour les lieux de vacances, etc. À certains moments, ils se sont demandé s'ils étaient réellement faits l'un pour l'autre, tellement rien ne semblait aller de soi. Après plusieurs années d'une relation parfois houleuse, le nombre de discussions a évidemment diminué : des terrains d'entente ont été trouvés sur plusieurs sujets et un territoire commun s'est relativement bien établi. Mais, surtout, l'espace de chacun a été suffisamment sauvegardé pour qu'elle et lui recherchent leur bonheur avec l'autre, mais pas seulement avec l'autre.

La relation constitue, en elle-même, un territoire commun qui pourra occuper une place plus ou moins grande en regard du territoire individuel. À travers son évolution, une frontière se dessine entre ce qui appartient à l'autre, à soi et au couple. La relation amoureuse ne s'établit ni dans la fusion totale ni dans l'indépendance totale. Devenir amoureux ne signifie pas cesser de vivre comme personne à part entière, bien que les premiers moments de passion intense puissent donner cette impression. Être amoureux ne représente pas non plus le simple ajout d'une nouvelle relation à toutes les autres, sans que la vie en soit transformée. L'individualité subit nécessairement une remise en question, et la vie de chacun est soumise à d'inévitables bouleversements. Le début d'une histoire amoureuse constitue en soi un changement de mode de vie. Alberoni parle même d'une révolution[16].

La mise en place des limites du territoire de chacun et du territoire commun constitue une épreuve que plusieurs relations, par ailleurs intenses, n'arrivent pas à traverser. Ou bien le besoin d'indépendance de l'un est tel qu'il devient impossible d'établir un territoire commun, ou bien le désir de dépendance de l'autre fait fuir le ou la partenaire, ou bien la crainte de fusion fait en sorte que seule une grande distance peut être rassurante, une distance telle qu'à la fin il ne reste plus de lien.

Jim se montre très préoccupé par la préservation de son indépendance. Il ne veut pas avoir besoin de Rosalie, n'accepte pas qu'elle prenne soin de lui de quelque manière que ce soit et ne se permet pas de s'appuyer sur elle ou de formuler les demandes les plus simples. Pour Rosalie, ce comportement est vécu comme du rejet ou, du moins, comme un refus de partage. Elle sent bien que ce n'est pas une attitude foncièrement naturelle chez Jim. Elle découvre peu à peu qu'après quelques déceptions amoureuses, Jim a cru que sa douleur venait du fait qu'il n'avait pas su se protéger de ses partenaires. Il tente donc, cette fois-ci, de rester à distance. Résultat : à force de se prémunir contre la douleur, il met en place une relation qui n'est pas vraiment heureuse, ni pour lui ni pour Rosalie. Freiner ses élans n'est certainement pas la bonne recette pour ne pas souffrir d'une rupture ! En fait, la catastrophe pourrait même découler de cette attitude qui ne permet pas la complicité et son effet liant.

Il n'existe pas de relations dans lesquelles la discussion et la négociation ne soient pas nécessaires. Pourtant, beaucoup d'adultes l'espèrent, à cause de leur difficulté à s'affirmer. Si Jim veut établir ce territoire, il devra apprendre à dire « non » à un certain envahissement et « oui » à un certain rapprochement. Pour cela, il lui faut non seulement une réelle confiance en Rosalie, mais surtout en lui-même. À partir de cette confiance, il pourra établir des frontières qui, d'ailleurs, se modifieront en évoluant. L'affirmation de soi contribue au sentiment de s'appartenir, au sein du couple.

Certaines personnes sont incapables de compter sur elles-mêmes pour mettre en place une frontière. Elles craignent à ce point la fusion qu'elles choisissent des partenaires qui restent à distance. Dans le cours d'une relation, les occasions de se tenir loin sont aussi nombreuses que celles de se rapprocher : enfants, répartition des tâches, amis communs et respectifs, familles, activités sportives ou de loisirs, etc. Tous ces aspects d'une vie quotidienne normale peuvent devenir des lieux de partage ou d'isolement. Bien sûr, l'idéal n'est pas de tout faire ensemble, mais la décision de se garder un espace à soi et des activités personnelles n'implique pas d'en faire des monstres sacrés.

Le sentiment d'exclusion peut être fondé ou non. Si un partenaire se sent mis à l'écart dès que l'autre ne lui fait pas le compte rendu précis de tout ce qu'il a vécu sans lui, il devrait se pencher sur sa propre insécurité ou sur son propre désir de fusion. Par contre, le fait de se sentir agressé ou envahi dès que l'autre aborde le sujet mérite aussi réflexion.

La relation exige des compromis entre le besoin d'affirmation et le besoin d'union présents en chacun de nous, à des degrés divers. En l'absence de négociations, plus ou moins ouvertes, elle repose sur l'abdication de l'un vis-à-vis de l'autre. Alors, ce qui peut sembler harmonieux à première vue, dans le silence, peut s'avérer destructeur pour l'un des deux au moins.

Pour qu'il y ait union, il faut deux individus différents, bien vivants, qui évoluent personnellement et non seulement en tant que membres d'un couple. Tout en désirant s'unir, ils sont capables de s'affirmer, ce qui permet de conserver l'individualité et l'autonomie nécessaires à la santé mentale. La création et l'évolution d'un lien amoureux exigent un dialogue constant. Si l'on veut éviter les discussions, les prises de position, le regard sur soi et sur le couple, les réaménagements que cela implique, l'harmonie semblera plus facile, à court terme. Mais à long terme, les partenaires arriveront peut-être à ne plus savoir pourquoi ils n'éprouvent plus d'attirance pour l'autre, pourquoi ils sont exaspérés ou, pire encore, pourquoi ils sont si déprimés. Ce ne sont pas les conflits exprimés qui causent le plus de torts aux individus et au couple, mais ceux qui restent enfouis et qui les rongent.

Le lien amoureux constitue un contexte d'intimité tel qu'il peut atteindre la personne jusque dans les couches les plus profondes de son monde intérieur. Il est donc plus que souhaitable que l'autre, tout allié qu'il soit, ne devienne pas envahissant ou intrusif. Par ailleurs, une trop grande recherche d'indépendance pourra priver la relation et les partenaires des marques d'intimité qui sont le ciment, voire la raison d'être de la relation sur le plan affectif.

Si Rosalie veut tellement être proche de Jim que celui-ci ne peut rester à ne rien faire et à réfléchir sans avoir à répondre à la question fatidique : « À quoi penses-tu ? », on peut comprendre que Jim le vive comme une intrusion dans sa vie personnelle. Même dans un couple, on doit bien pouvoir garder sa pensée à l'abri du regard des autres.

Dans l'établissement du territoire commun et la conservation du territoire individuel, il importe de faire la différence entre ce qui est essentiel pour soi et ce qui est secondaire ou négociable. Car pour construire un espace commun, chacun sera poussé à modifier certains projets, certaines façons de faire, à revoir ses priorités, à faire des deuils. Pour arriver à faire les compromis qui s'imposent, sans se nier dans ce qui est fondamental, tout en étant ouvert aux influences de l'autre, il est nécessaire de bien se connaître et d'oser s'affirmer. Idéalement, les membres d'un couple partagent les mêmes valeurs fondamentales et négocient sur ce qui est secondaire.

C'est non seulement le bonheur, mais aussi la santé mentale qui pourra être affectée par le respect ou non des frontières de chacun. Le partage du territoire commun et individuel exige le respect des différences entre les individus. Ce n'est pas parce que l'un n'a pas besoin d'un espace à soi dans la maison, par exemple, que ce besoin doit être nié chez l'autre. Personne ne peut dicter dans quelle mesure l'argent, les horaires, les lieux, les responsabilités, les loisirs, etc., devraient être mis en commun dans le couple. Le degré d'intimité satisfaisant varie d'une personne à une autre. Certaines ont besoin de plus de solitude, d'autres vivent harmonieusement le fait de passer la majeure partie de leurs temps libres avec leur partenaire. Certaines peuvent mettre beaucoup en commun et maintenir malgré tout un fort sentiment d'identité et d'individualité, d'autres vivront le partage comme de l'envahissement. La sécurité intérieure se trouve plus ou moins menacée, selon les individus, par le degré d'intimité. Ce critère occupera une place importante dans l'évaluation de la compatibilité possible entre deux partenaires.

L'adulte qui n'aura pas eu suffisamment d'occasions de partager un territoire avec d'autres, dans ses premières relations, aura souvent de la difficulté à négocier un espace commun et un espace individuel, au moment de la formation d'un couple. Lors des toutes premières relations d'attachement, dans la fratrie par exemple, les différences entre les désirs de l'un et ceux de l'autre peuvent être vécues comme des expériences de négociation : les enfants sont des négociateurs naturels. Chacun gagne un peu, perd un peu et finit par établir son domaine. Dans certaines familles, cependant, les tentatives de négociation de la part de l'enfant avec ses parents sont vécues comme une menace à l'autorité et même à l'identité de l'un ou l'autre des adultes. Cette menace peut entraîner un durcissement et du rejet de la part du parent ou un sentiment de découragement et de soumission chez l'enfant. Dans ce cas, l'apprentissage de la création d'un troisième territoire, nécessaire à toute relation heureuse, n'aura pas été fait. Tout le sens du qualificatif « interpersonnel » souvent accolé au mot relation, non seulement dans la vie amoureuse, mais au travail, dans les loisirs, entre amis, prend alors la forme d'un véritable défi à relever.

La création d'une intimité profonde entre des partenaires amoureux n'est donc pas l'effet du hasard. Elle exige du temps, de l'ouverture, du respect. Elle se fait jour après jour, pendant que se met en place un réel désir d'engagement envers l'autre et elle y contribue.

L'ENGAGEMENT

Une décision volontaire

L'engagement est la composante la plus volontaire de la relation amoureuse. Contrairement à la passion et à l'intimité, il est le résultat d'une décision consciente, qui guidera les efforts pour nourrir l'intimité ou la passion.

Un amour qui ne serait constitué que d'engagement serait un amour vide. En revanche, un amour qui ne comporte aucun pacte est rarement viable. Il peut se révéler destructeur pour au moins l'un des deux partenaires.

Des études sérieuses ont démontré qu'il existe un lien entre le bonheur et l'implication personnelle[17], mais on ne sait pas bien si les gens qui s'engagent sont plus heureux ou s'il faut d'abord être heureux pour pouvoir s'engager. La réponse se trouve sans doute dans les deux à la fois. En effet, il faut être assez confiant et satisfait de soi pour ne pas avoir peur de s'investir. Par ailleurs, le fait de mettre son énergie dans une relation amoureuse, comme dans d'autres domaines, donne un sens au quotidien et aux projets, et permet de dépasser certaines difficultés en les situant dans un tout plus global.

Comme toute décision, la volonté d'entamer une relation est une occasion de faire des choix, voire des deuils. « N'aimer qu'une femme, c'est faire insulte à toutes les autres », disait Sacha Guitry. Il faudrait sans doute entendre : « se priver de toutes les autres ». Emprunter une voie exige aussi une certaine acceptation de l'inconnu et du connu : d'une part, on ne cherchera pas de nouveau partenaire, d'autre part, le partenaire actuel pourra changer (évoluer, on l'espère) au cours de la relation. Or, si certaines personnes carburent à la nouveauté et craignent la routine, d'autres n'en ont jamais fini de se rassurer sur tout ce qui pourrait survenir à l'intérieur d'une relation. Dans les deux cas, l'attachement est redouté, quand il n'est pas tout simplement évité.

La peur de l'engagement conduit certaines personnes à s'éloigner dès que l'autre en réclame plus. Cela se manifeste jusque dans le refus de planifier la prochaine rencontre ou de préparer les prochaines vacances ensemble, même après plusieurs mois de fréquentations agréables. Elles ne peuvent supporter l'engagement, même de manière ponctuelle et pour de très courtes périodes. Cette incapacité entraîne souffrance et déception chez les partenaires qui avaient mis leurs espoirs dans une relation. Pour ceux qui sont dans l'impossibilité de s'engager, il s'ensuit une solitude de plus en plus profonde. Beaucoup de contacts avec beaucoup de gens ne remplacent pas une relation intime.

Lucie et Marc se voient depuis trois mois. Ils soupent ensemble un jeudi soir, et Lucie demande s'ils se retrouveront en fin de semaine. Marc répond : « Je ne sais pas, on verra. Pourquoi veux-tu toujours savoir d'avance ? Tu ne trouves pas que l'agenda détruit le charme de nos rencontres ? » En même temps qu'elle sent que Marc s'intéresse à elle et qu'ils passent de bons moments ensemble, Lucie a l'impression qu'elle est interchangeable, remplaçable par une autre activité, les copains ou peut-être même une autre femme. Marc aime la compagnie de Lucie, mais dès qu'il se trouve dans une situation d'obligation envers elle, comme envers d'autres femmes qu'il a connues d'ailleurs, il ne la trouve plus digne d'intérêt et veut fuir.

En réalité, Marc vit le fait de faire une promesse comme s'il se trouvait sous le pouvoir d'une femme : celui de demander des comptes, de réclamer sa présence, etc. Cette situation lui rappelle trop sa relation avec ses parents : quoi qu'il fasse, il ne participait pas à un échange ; il avait l'obligation de satisfaire les besoins de présence de sa mère et les exigences de performance de son père.

À l'autre extrémité de la courbe des attitudes à l'égard de l'engagement, on trouve ceux et celles qui ne veulent prendre aucun risque d'être abandonnés et qui réclament qu'une totale implication précède même l'attachement. Cette revendication peut avoir pour effet de faire avorter la relation, puisque aucune place n'est laissée à l'imaginaire et à l'incertitude qui, dans une certaine mesure, contribuent à tisser des liens.

Engagement et projets

Le besoin de créer fait partie des besoins fondamentaux de l'être humain. Une relation en elle-même est une création. Et pour les personnes en cause, cette réalisation peut s'avérer tout à fait satisfaisante, pendant un certain temps. Mais la relation, pour demeurer vivante, a aussi besoin de sortir d'elle-même. Au départ, on est ensemble simplement pour être ensemble. L'union ne peut toutefois se nourrir uniquement de sentiments. Les expériences vécues, les aspirations partagées, les difficultés rencontrées, les relations communes sont des composantes du « nous » recherché dans toute relation. La biologie a prévu un fruit à cette union : un enfant. Mais il existe plusieurs autres formes de création engendrées par la relation, ce sont les projets.

Le projet établit un espace commun et permet à chacun d'être à la fois avec l'autre et avec lui-même, de partager non seulement un territoire mais une motivation commune, d'avoir non seulement du désir l'un pour l'autre, mais un désir commun de réalisation. En retour, le projet nourrit la relation. Avoir un enfant représente l'exemple ultime d'une œuvre commune. Chacune des cellules de l'enfant sera constituée à la fois d'une cellule maternelle et d'une cellule paternelle. Le destin de cet enfant est lié non seulement à ce qu'est chacun et au rapport qu'il aura avec lui, mais au rapport des parents entre eux.

Avoir un enfant peut être le prolongement d'un lien déjà créé et bien vivant entre deux personnes. En aucun cas, cela ne saurait être le moyen de combler ce qui manque à la relation (avoir un enfant pour s'attacher l'un à l'autre) ou de la réparer. Avoir un enfant ensemble, biologiquement ou par adoption, constitue une épreuve au sens premier du mot, c'est-à-dire que la force et la qualité du lien seront éprouvées par les exigences de ce nouveau lien, par les nombreuses demandes d'adaptation faites à chacun et au couple. Les occasions de conflits comme de complicité seront multiples, qu'il s'agisse de s'entendre sur les soins physiques, les expressions d'affection et d'autorité, l'éducation, etc.

Éric et Mathilde étaient ensemble depuis cinq ans lorsqu'ils ont décidé d'avoir un enfant. Ils n'étaient pas malheureux en couple, mais s'ennuyaient un peu. Ils n'avaient pas tellement d'intérêts communs et s'adonnaient à leurs activités chacun de leur côté. Ils espéraient qu'un enfant leur procurerait une passion commune. La grossesse et l'accouchement ont été des moments de rapprochement et d'émerveillement. Mais après l'arrivée du bébé dans la maison, les occasions de mésententes n'ont pas manqué. Les raisons qui faisaient qu'ils n'avaient pas de véritable terrain commun avant la naissance du petit n'ont pas disparu. Ils avaient des conceptions différentes de la vie et des relations humaines. Ils s'entendaient peu sur le choix des amis et sur les rapports avec la famille. Ces différences se sont répercutées sur la perception de leur rôle de parents, des besoins de l'enfant, etc. Mais comme celui-ci était aimé de chacun des parents, il n'était plus possible de s'en dissocier, comme pour les activités ou les amis. De plus, comme chacun n'avait plus toute sa liberté, il devenait beaucoup plus difficile de faire les choses indépendamment l'un de l'autre. Malheureusement, la relation n'a pas franchi l'épreuve de la naissance. Le couple s'est séparé deux ans plus tard.

Annie et Vincent savaient dès le départ qu'ils ne voulaient pas seulement former un couple. Ils avaient un projet commun de famille. Ils savaient aussi qu'ils ne pouvaient se priver d'une vie de couple satisfaisante. Ils en avaient besoin pour servir de point de départ et de soutien à cette vie familiale rêvée. Ils ont eu trois enfants. Bien sûr, ils ont traversé des périodes difficiles, avec des mésententes majeures et des moments de distanciation l'un de l'autre. Mais chaque fois, ils ont pris le temps de refaire des choix. Ils sont demeurés ensemble, mais leur relation s'est transformée. Ils ont dû laisser tomber certains modèles de relation ou des images plus ou moins réalistes du bonheur pour identifier plutôt ce qui, dans leur relation réelle, avec ses limites réelles, pouvait être amélioré pour les rendre plus heureux.

D'autres projets peuvent naître d'une relation, qu'il s'agisse d'une maison, d'une entreprise, d'un voyage, d'un animal ou d'une grande cause. La maison constitue bien plus qu'un lieu d'habitation, elle est le prolongement du soi physique. Il faut vivre une intimité harmonieuse pour arriver à s'entendre sur ce qui touche l'habitation : le quartier, la décoration, le degré de confort ou de luxe recherché, les espaces communs, un espace à soi… avec tout ce que cela vient solliciter dans l'identité, les petits soins (maternage) reçus ou recherchés, la culture, les goûts et les valeurs. Une entreprise est plus qu'une source de revenus. Elle rassemble toutes sortes d'occasions d'affirmation, de soumission, de partage du pouvoir, de mise en valeur des talents, de comparaisons, etc. Les sources de conflits sont multiples, ainsi que les situations de complémentarité et de complicité. Les voyages constituent souvent des occasions d'intimité forcée et peuvent tisser des liens par les expériences et les souvenirs partagés. Ils peuvent aussi provoquer des chocs de valeurs qui mettent la relation en péril. Un animal fait ressortir la relation d'autorité ou d'affection, voire de rivalité, de chacun avec un tiers. Un peu comme un enfant, l'animal donne l'occasion de voir l'autre exprimer son affection, sa colère, sa négligence, son indifférence, ce qui peut susciter chez le partenaire la déception, l'admiration ou une affection plus ou moins grande. Le service de grandes causes dans le bénévolat, la politique ou toute autre implication sociale représente une occasion de se réaliser en dehors de la scène privée. Le regard sur l'autre dans un autre rôle, dans un autre type de rapports sera modifié, pour le meilleur ou pour le pire.

Daniel et **Bruno** ont mis toutes leurs économies en commun pour acheter une maison de campagne. Quel rêve ils allaient réaliser : cette maison serait leur enfant ! La rénovation de la maison a occupé tous leurs week-ends, pendant plusieurs mois, mais ce n'était pas désagréable. Ils invitaient des amis à venir les aider. Des relations se sont développées entre certains de leurs amis, ce qui a donné lieu à la constitution d'un réseau solide. Les soupers qui faisaient suite à une journée de travail sont devenus des moments de partage et de confidence qui ont soudé des liens entre Bruno et Daniel et leurs amis. Le couple avait une vie intérieure suffisamment riche et heureuse, ce qui a donné une couleur particulière à toute l'entreprise.

Leur relation se nourrit de la vie intérieure de chacun et des éléments extérieurs, qu'ils soient humains, sociaux ou même matériels, comme la maison.

Tous les projets de rénovation ne connaissent pas un dénouement aussi heureux, cependant. Voilà bien une situation où les occasions de conflits sont aussi nombreuses que les occasions de complicité. Et cela vaut pour toutes les entreprises. L'issue dépend des valeurs communes, de la capacité de s'affirmer, de l'aptitude à communiquer de manière efficace, de la décision de résoudre les problèmes au fur et à mesure. Chacun peut aussi s'y investir à des degrés divers. Le couple peut trouver dans cet investissement une richesse de partage ou être tellement impliqué qu'il ne trouve plus d'intimité ailleurs que dans cette cause. Celle-ci peut alors prendre plus d'importance que la relation, au point de devenir une occasion de fuite ou, du moins, une rivale pour l'un des deux partenaires.

Dans tous ces exemples, le projet devient un peu comme une toile. Chacun y peint tant ce qu'il est que ce qu'il fait et devient au contact de l'autre. L'issue est plus ou moins heureuse, selon les circonstances, mais l'implication des deux mérite toujours que l'on prenne le temps de comprendre ce qui s'y est joué. Ainsi, l'engagement nous aura enrichi, quel qu'en soit le résultat.

CHAPITRE 4
Les changements et les crises

Les personnes qui se sont engagées dans une relation évoluent, volontairement ou non, et en harmonie ou non, avec la relation. Normalement, celle-ci se nourrit de ces transformations, mais il peut arriver qu'elle en soit aussi fortement ébranlée. Les modifications d'attitude, de style de communication suite à une thérapie, par exemple, les changements d'emploi, de revenus, de groupe d'amis, même s'ils sont vécus par un seul des partenaires, ont généralement des répercussions sur le couple. Certains conjoints sont inquiets de voir l'autre entreprendre une thérapie, même s'ils savent qu'il en a besoin et que le problème ne concerne pas directement le couple. De même, certains nouveaux amis auront une influence qui peut aller jusqu'à la manière de voir et de vivre du couple. Les changements d'emploi, notamment, peuvent entraîner une réorganisation des tâches domestiques. Tous ces bouleversements sont non seulement inévitables mais souhaitables. Leur impact peut cependant avoir plus d'importance qu'on l'aurait cru au départ et qu'il n'y paraît extérieurement.

Gabrielle manifeste des symptômes d'agoraphobie depuis plusieurs années, mais les crises sont devenues plus aiguës depuis quelques mois. Comme elle et François sont ensemble depuis longtemps, il sait très bien ce qu'elle vit. Il l'accompagne chaque fois qu'elle craint de sortir de chez elle, la conduit au travail chaque matin et la reprend chaque soir. Ils ont envisagé d'avoir un enfant, mais Gabrielle se rend compte que le congé de maternité l'inquiète : leur routine s'en trouverait bouleversée, elle ne pourrait pas compter sur François pour l'accompagner dans tous ses déplacements. Elle décide donc de consulter un psychologue et elle en parle à son conjoint. Celui-ci trouve que son problème n'est pas si grave et qu'elle s'inquiète pour rien, mais il respecte sa décision. La thérapie porte sur l'anxiété ressentie par Gabrielle, mais aussi sur l'ensemble des facteurs qui maintiennent son évitement des situations anxiogènes. Il ressort que son agoraphobie est centrale dans la communication, voire dans l'absence de communication de leur couple. Ce n'est pas Gabrielle qui exprime son besoin de rapprochement, ce sont ses peurs. Mais François, lui, est rassuré par le fait que Gabrielle ait tellement besoin de lui. Pour que les progrès de Gabrielle se maintiennent, pour que leur couple survive à ces changements, il faudra donc que les deux trouvent d'autres moyens de communiquer et de se rapprocher.

L'absence d'évolution de l'un des membres du couple peut évidemment entraîner l'effritement de la relation. Pouvons-nous imaginer vivre avec le compagnon que nous avions à 20 ans, s'il était resté exactement le même ?

À son début, la relation acquiert sa propre identité, son propre code génétique, pourrait-on dire. Cette identité de couple est constituée du rapport entre les identités de chacun. Si la personnalité de l'un se transforme de façon importante, il est possible que le caractère de la relation elle-même soit remis en cause. L'exemple le plus classique, voire caricatural, est celui du lien amoureux basé sur la fascination qu'exerce sur la jeune femme le pouvoir professionnel et économique d'un homme d'âge mûr et le bonheur que celui-ci éprouve à être aimé par une partenaire si admirative. Lorsque la jeune femme acquiert un pouvoir professionnel et économique, elle peut continuer de l'aimer et de l'admirer, mais la magie ne sera plus la même. Si elle a absolument besoin d'être éblouie et s'il a absolument besoin de susciter une telle admiration pour aimer, il est évident que la relation amoureuse est en danger. Il pourra être attiré par une autre jeune femme auprès de laquelle il se sentira de nouveau un être exceptionnel. Mais ne leur demandez pas d'admettre qu'il s'agit de cela ; d'ailleurs, ils ne savent peut-être pas eux-mêmes ce qui se passe.

Qu'on le veuille ou non, l'amour n'est pas à l'abri des rapports de force. Et ceux-ci se modifient au fil du temps et des expériences. Ils comptent parmi les bouleversements qui sont à prévoir, même dans la plus solide des relations.

QU'EST-CE QUI CONSTITUE UNE CRISE POUR LA RELATION ?

Une crise est, par définition, un bouleversement des règles établies ou du fonctionnement habituel. Chacun des membres du couple devra donc redéfinir son rôle et retrouver son identité dans ce nouveau mode de vie. Prenons le cas où l'un des partenaires perd son emploi. Bien sûr, le fonctionnement quotidien en sera bouleversé, mais au-delà de la réorganisation de l'horaire et du budget, il faudra sans doute transformer les perceptions. Les distances prises par les partenaires, qui s'expliquaient peut-être par le travail, devront trouver un nouveau sens. La valorisation basée sur le succès professionnel devra trouver d'autres assises, pour la personne elle-même mais également pour son partenaire. Celui qui était valorisé par son travail ne se sentait pas menacé par le succès de l'autre et pouvait même l'encourager. Mais la perte de l'emploi peut provoquer un sentiment d'infériorité (c'est vrai pour une femme, mais encore plus pour un homme) et transformer l'encouragement, si facile en temps ordinaire, en critique et en dévalorisation, comme seul moyen de « rétablir l'équilibre ».

Plusieurs facteurs extérieurs à la relation peuvent venir en ébranler l'équilibre : pertes ou gains financiers, maladie de l'un des partenaires, naissance ou départ des enfants, déménagement, changement de statut ou de milieu professionnel, etc. Leurs effets sur la relation dépendront de ce qui en constituait les fondements. Si l'amour était construit sur le pouvoir de l'un ou la disponibilité de l'autre et s'en nourrissait exclusivement, il est possible qu'un événement lui soit fatal. Il faut donc être conscient des enjeux plus subtils qui donnent leur importance aux événements eux-mêmes.

Au-delà des grands événements, certains facteurs, beaucoup moins visibles, appartenant à la vie intérieure de l'individu, peuvent avoir un impact sur la relation. Le cheminement personnel de l'un des deux membres du couple le conduira peut-être à modifier en profondeur sa façon de voir le monde, de ressentir les choses et d'être avec les autres. Une thérapie, une expérience hors de l'ordinaire, la lecture d'un livre, le développement d'une nouvelle amitié sont des occasions de réflexion qui peuvent ouvrir une personne et la transformer de façon importante. Cela ne sera pas sans effet sur la vie intime du couple. La relation pourra en être sérieusement ébranlée dans un premier temps ; à long terme, si le couple trouve la façon d'utiliser cette nouvelle contribution, le lien en sera nourri.

LA RELATION COMME FACTEUR D'ÉVOLUTION

La relation elle-même a un impact sur l'évolution d'une personne. Dans le meilleur des cas, elle constitue une base pour les besoins de sécurité (*security base*), équivalente à une relation d'attachement dans l'enfance. À partir de cette relation sécurisante, les membres du couple pourront explorer le monde extérieur, car ils trouvent dans leur union la sécurité affective, sociale et même matérielle qui leur sert de point d'appui face au monde extérieur. Le lien constitue donc une source de vitalité supplémentaire : la vie affective étant plus active, elle stimule les autres sphères de l'existence. L'estime de soi s'en trouve rehaussée, ce qui entraîne une attitude de plus grande ouverture aux autres.

La relation amoureuse devrait donc être plutôt un point de départ qu'un point d'arrivée. Pour l'adulte qui recherche un ou une partenaire, il est évident que cette quête, active ou non, mobilise une grande quantité d'énergie. Mais la complexité de la relation vécue est telle qu'elle implique aussi la mobilisation d'importantes ressources intérieures et entraîne toutes sortes de transformations personnelles. Les difficultés y sont fréquentes, et leur impact sur le bonheur et même sur la santé mentale des individus peut être positif, mais aussi fort négatif. Il y a d'ailleurs lieu de croire que certaines personnes, qui fuient la relation amoureuse tout en la désirant par ailleurs, ont raison de la redouter.

En effet, tous n'y survivent pas. Et pour cause. De par sa nature même, la relation amoureuse est l'image la plus ressemblante de l'atmosphère d'intimité, de dépendance et d'interdépendance que nous avons connue dans l'enfance. Elle devient donc un lieu privilégié pour que se jouent sur la scène extérieure les conflits les plus inconscients. Tout se passe comme si l'enfance avait écrit un scénario déposé en chacun de nous et qui trouve, dans la relation amoureuse comme dans la famille, les acteurs nécessaires à sa mise en scène. Or, on le sait, certains scénarios sont moins heureux que d'autres, ils sont parfois même dramatiques.

Prenons l'exemple de Sylvie (chapitre 2), qui a grandi dans une atmosphère rigide où, pour maintenir une relation avec sa mère, il fallait s'y soumettre. À l'âge adulte, elle se détache de ses parents et poursuit son évolution quant à la reconnaissance progressive de ses désirs et de ses forces. Elle trouve petit à petit sa propre place dans le monde. Son désir d'affection n'en sera pas moins grand. Il est possible qu'elle souhaite ardemment une relation amoureuse qui viendrait combler ses besoins de tendresse et son désir de vivre une affectivité plus riche que celle qu'elle a connue dans sa famille. Cependant, chaque fois qu'elle rencontre un partenaire potentiel, elle commence par voir tout le scénario de ce qui serait possible pour ensuite fuir la relation, soit en la mettant inconsciemment en échec, soit en perdant tout l'intérêt qu'elle suscitait. Bien qu'elle soit très motivée à vivre une relation, Sylvie craint sa propre tendance à se soumettre dans un contexte d'intimité. Elle voit alors le lien comme un danger, une atteinte potentielle à son autonomie, à son identité et à tout ce qu'elle a si chèrement acquis, en tentant de se dégager des pressions de son enfance. Et il est possible que sa crainte soit fondée. On a d'ailleurs souvent vu de ces personnes qui ont réussi à s'affirmer dans leur travail et leur vie sociale et qui, lorsqu'elles établissent un contact privilégié, semblent perdre leur autonomie et leur confiance en elles-mêmes.

L'effet de la relation sur la personne peut s'étendre à toutes les sphères de la vie. Il est difficile d'avoir confiance en soi au travail si, à la maison, on est critiqué sur tout ce que l'on fait. Le doute semé sur sa capacité de prendre les bonnes décisions, dans les tâches domestiques par exemple, pourra ressurgir lorsque des décisions d'un autre ordre devront être prises au travail.

DE L'AMOUR DE SOI À L'AMOUR DE L'AUTRE

L'amour de l'autre n'est pas indépendant de l'amour de soi et réciproquement. L'amour de soi et de l'autre sont des sentiments qui ne s'évaluent pas que quantitativement : s'aimer beaucoup ou peu, aimer beaucoup ou peu, avoir été beaucoup ou peu aimé. En réalité, ce sont des états affectifs qui s'entremêlent ou s'opposent, mais qui s'influencent toujours. Sans prétendre à une compréhension de tous les éléments impliqués dans ces sentiments, il paraît nécessaire de s'attarder à certains aspects de la relation amoureuse qui sont influencés par l'opposition souvent manifeste entre l'amour de soi et l'amour de l'autre.

Authenticité et intimité

Dans le cours normal de l'évolution d'une relation, l'image de l'autre se modifie forcément. C'est la nature même de l'intimité de donner accès à une partie de l'univers de l'autre qui n'était pas connue lors des toutes premières rencontres. C'est aussi le défi de celle-ci de maintenir l'intérêt envers l'autre, lorsqu'il est de plus en plus connu. On peut ici se poser la question : le tout est-il vraiment dans chacune de ses parties ? Si oui, la découverte serait le dévoilement et l'approfondissement de ce qui a déjà été perçu chez le partenaire, et cela n'aurait rien d'inquiétant, ni pour soi ni pour l'autre. Or, on peut penser que le tout est dans chacune des parties *authentiques* de la personne. Ce que l'on devine lors des premières rencontres avec une personne vraie se déploiera au cours de l'évolution de la relation. Lorsque, soit parce qu'elle-même n'a pas accès à ce qui est véridique en elle, soit pour des raisons d'insécurité par exemple, la personne ne peut que présenter une image faussée d'elle-même, il est peu probable qu'elle soit à l'aise par la suite dans l'approfondissement de la relation. Il est vraisemblable, aussi, que l'autre fera des découvertes surprenantes en la côtoyant.

Lorsque la personnalité s'est développée à partir des désirs réels de l'individu, celui-ci a accès à ce qui est vraiment « lui » comme moteur de ses comportements et de ses attitudes[18]. Ce qui transparaît de lui, lors des premières rencontres, constitue donc un aperçu de ce qui se dévoilera dans une plus grande intimité. Dans l'évolution de la relation, il aura plaisir à révéler ce qu'il est, en toute sécurité. Et l'autre, qui aura été attiré par ce qui était d'abord entrevu, sera intéressé par ce qui est à découvrir.

Lorsque, au cours de son développement, une personne n'a pas eu suffisamment l'occasion de connaître et de satisfaire ses vrais désirs et ses aspirations, qu'elle a compté davantage sur sa capacité de cerner les désirs de l'autre pour déterminer ses comportements et ses attitudes, elle développe un « moi » qui ne lui appartient pas entièrement. Ce moi est une représentation faussée de ce qu'elle est vraiment.

Bien que cela soit rarement conscient, quelque chose en elle sait que c'est avec effort qu'elle est ce qu'elle est. Si elle se laissait aller à sa vraie nature, elle se montrerait sous un jour différent. Dans un tel contexte, l'intimité constitue un risque bien plus grand encore. En effet, l'image qu'elle tend à maintenir ne pourra résister longtemps aux nombreuses occasions de lever le voile ou de perdre le contrôle qui jalonnent l'évolution d'une relation.

La crainte d'être découvert ou de découvrir certains aspects de l'autre pousse d'ailleurs certains adultes à fuir l'intimité. Ou bien ils mettent fin à la relation dès qu'elle prend un tour plus intime, ou bien ils créent, à l'intérieur même de la relation, une situation qui empêche le rapprochement : être toujours trop occupé ou en groupe, par exemple. Ces empêchements peuvent aussi prendre la forme de dépendances comme l'alcool, les drogues, le jeu, etc. Le travail peut aussi, dans certains cas, être considéré comme une forme « d'addiction » qui constitue une frontière. Ces voies d'évitement permettent au partenaire de rester dans son univers, malgré l'apparence de lien étroit.

Luc a compris très jeune que son père et sa mère valorisaient les attitudes machistes. Quand il éprouvait des sentiments ou des désirs qu'il associait davantage au monde féminin, il les réprimait immédiatement pour adopter une attitude moins sensible, plus « masculine ». Dans sa relation avec Geneviève, il a commencé par jouer les durs. Jusqu'au jour où il s'est retrouvé en *burnout*. Il lui était difficile d'accepter d'être submergé par son anxiété et sa tristesse et, surtout, de montrer sa vulnérabilité à sa conjointe. Un jour, il n'a plus été capable de jouer son rôle et s'est laissé aller à ce qui était pour lui l'expression de sa faiblesse. Pour

Geneviève, ce moment a été un temps fort d'authenticité. Pour le couple, l'expérience a soudé leur intimité.

Le manque d'authenticité est, la plupart du temps, très peu conscient. La lucidité sur elle-même est parfois difficile pour la personne en cause. Faut-il le rappeler, le monde ne se divise pas en deux catégories : les trompeurs et les authentiques. Le vrai et le faux sont présents en chacun de nous, mais à des degrés divers, selon les individus et selon leur évolution.

Idéalisation et dévalorisation

Le phénomène d'idéalisation de l'autre, dans les débuts de la relation amoureuse, est bien connu. Mais qu'advient-il de cette image chimérique dans l'évolution du lien ? Et, surtout, qu'arrive-t-il lorsque la réalité est confrontée à l'idéal ? À la limite, l'idéalisation peut être une façon de ne pas être en relation. En effet, une image n'est pas une personne. L'image tend à demeurer fixe et il est difficile, pour une vraie personne, d'y correspondre.

On peut se demander ce qui pousse un homme ou une femme à idéaliser l'autre, lors de la rencontre amoureuse. Si le bien-être ressenti est intense, on aura tendance à attribuer à l'autre un pouvoir extraordinaire. Comme si le sentiment d'aimer si fort ne pouvait s'expliquer que par l'immense valeur de l'autre. Comme si le sentiment d'être aimé avait plus de prix parce que la personne qui nous aime est idéale. Car de tous les pouvoirs de l'amour, celui de valoriser la personne qui le reçoit n'est pas le moindre. Et qui voudrait être aimé par un être banal ?

Tout cela semble bien naturel. Mais si l'idéalisation du partenaire est exagérée et, surtout, si elle est la seule racine de la relation, on peut penser que la réalité aura tôt fait de faire tomber les masques, pour le révéler sous son véritable jour. La déception aura comme cause, non pas le partenaire, mais l'idéalisation. Il serait donc utile de reconnaître les motifs qui mènent une personne à magnifier l'autre à outrance : peut-être se sent-elle tellement petite qu'elle a besoin d'être élevée par l'être aimé ou de se hausser en prenant appui sur lui ? C'est parfois le cas. Alors, le moindre indice de faiblesse de la part du conjoint, inévitable dans la vie réelle, constituera une menace à l'estime de l'autre et donc de soi, et entraînera une déception. De telles déconvenues sont parfois fatales pour la relation.

Souvent, cependant, ces tentatives d'idéalisation, quand elles sont mises au jour, constituent des occasions de revoir les composantes du lien. Ces prises de conscience libèrent de la recherche du ou de la partenaire idéale et ouvrent la voie à une relation plus authentique.

L'insécurité qui conduit à idéaliser l'autre, en prenant appui sur lui, fait également naître le sentiment de se sentir menacé *face à lui*. Une relation est aussi un face-à-face. **Amir**, par exemple, se sent facilement complexé devant ses amis, qui sont tous des professionnels. Lorsqu'il rencontre **Cassandra**, une étudiante en médecine de belle apparence et sûre d'elle, il ne lui trouve aucun défaut. Il se sent prêt à organiser sa vie autour de celle de Cassandra. Bien sûr, il est séduit par sa beauté et son aisance naturelle, mais il se voit aussi valorisé par le fait de former un couple avec une professionnelle. Lorsque les amoureux commencent à cohabiter, les difficultés se manifestent surtout autour du budget et des horaires. Les horaires de Cassandra sont toujours prioritaires. Peu à peu, Amir commence à faire des remarques sur les talents culinaires de sa compagne ou sur sa désorganisation. Il lui reproche de laisser traîner ses papiers partout. Ses critiques peuvent être parfois fort méprisantes. Il en vient même à la ridiculiser quand elle fait des erreurs : il lui donne du « Madame la docteure ! » sur un ton déplaisant.

Amir idéalisait Cassandra et se sentait valorisé aux yeux des autres d'avoir trouvé la femme rêvée, mais il se sent petit face à elle. Les complexes qu'il croyait résoudre par sa relation avec elle refont surface. De plus, il devient jaloux des hommes qu'elle rencontre au travail. Il craint que toute la valeur qu'il lui trouve attire aussi d'autres hommes. Il faut déjà une certaine dose de sécurité pour ne pas craindre de perdre l'autre, imaginons ce qu'il en faut lorsque cet autre est fortement idéalisé !

L'idéalisation peut aussi être exagérée parce que le deuil de l'autre idéal (la mère idéale) n'est pas encore fait. Tout se passe comme s'il était impossible d'aimer un être relativement bon. Le bébé, dans sa vulnérabilité, est totalement satisfait ou totalement insatisfait, et celle qui a tout pouvoir sur son contentement, d'après ce qu'il ressent, est entièrement bonne ou mauvaise, selon ce qu'elle donne ou ne donne pas. Avec le développement normal et l'apaisement des besoins, l'enfant arrive à faire le deuil d'un état optimal et d'une mère parfaite. Il apprend à aimer un autre « suffisamment bon »[4]. À l'inverse, celui qui est resté sur sa frustration recherche toujours le totalement bon, l'absolu, qui seul peut être aimé. Tout manque rappelle un état douloureux de privation et déclenche la dévalorisation, voire le mépris de l'autre. Il n'est pas étonnant que l'idéalisation exagérée soit souvent suivie d'un désenchantement tout aussi démesuré. Il s'agit d'un choix de tout ou rien. La dévalorisation permet de se rassurer sur sa propre valeur face à celle de l'autre[19].

Le cycle idéalisation-dévalorisation pourra se reproduire tant et aussi longtemps que l'autre sera recherché comme compensation pour ses propres manques et que l'individu n'aura pas fait le deuil de la personne idéale, toute-puissante et capable de combler tous ses besoins, pour toujours. Ce deuil peut se faire à l'intérieur de la relation de couple, où la volonté de demeurer ensemble et l'engagement permettent de résister au mouvement de fuir l'autre parce qu'il n'est plus idéalisé. Le désir et la volonté de durer forcent les partenaires à découvrir toute la valeur réelle qui se trouve dans le couple plutôt que de partir en quête du prochain mirage.

Il arrive aussi que la dépréciation vienne non pas après l'idéalisation, mais après la perte d'intérêt ou le désir de fuir la relation. Pour des raisons qui peuvent aller de la peur d'être connu à l'angoisse d'être fusionné, ou de la recherche d'émotions fortes à l'attrait pour quelqu'un d'autre, le désir de fuir apparaît. Il est ensuite rationalisé par une dévalorisation de l'autre.

Amy et William vivent ensemble depuis six ans. William sent baisser son désir pour sa partenaire. Il n'éprouve plus d'émotions intenses à l'idée de la retrouver et ressent l'ennui du quotidien. Il se demande ce qui se passe, tout en évitant de se questionner sur ce qui se passe *en lui*. Finalement, il en vient à la conclusion qu'Amy n'est plus la belle femme qu'il a connue et il se met à lui trouver toutes sortes de défauts.

La dévalorisation peut aussi avoir pour objectif une sorte de deuil anticipé. Certaines personnes sont tellement convaincues de leur incapacité à garder l'amour de l'autre et ont une telle sensibilité au rejet, qu'elles rejettent avant d'être rejetées : « Je n'ai pas ce qu'il faut pour garder cette personne. Elle va donc me quitter. Ça fait trop mal d'y penser. Au fond, elle n'était pas si intéressante… Je ne perdrai rien si elle part… ou je ne perds rien en la quittant… »

Idéalisation et dévalorisation à un degré élevé sont de véritables pièges et constituent des bases bien fragiles pour un amour qui se construit. Le temps et une certaine clairvoyance permettent de faire tomber les masques ou s'évanouir les mirages. Il est évident qu'une bonne dose de réalisme et de vérité contribue davantage au développement et à la durée de la relation.

Complicité et rivalité

Dans une atmosphère de complicité, les succès et les réalisations de l'un rejaillissent sur l'autre ou, du moins, sur la cellule formée par leur union. Le « nous » devient alors très fort. Et tout ce qui rapporte à l'autre rapporte au « nous » et est donc vécu comme un gain.

Dans une atmosphère de rivalité, les succès et les réalisations de l'un suscitent l'envie de l'autre. Même le territoire commun sera partagé, de façon à toujours pouvoir reconnaître ce qui est dû à l'un ou à l'autre. On se rappelle le couple Jacques et Marie (chapitre 2) qui, sous prétexte d'égalité et pour éviter l'exploitation de l'un par l'autre, avait le sentiment de former une PME plutôt qu'un couple.

À l'époque où les rôles et, avec eux, les sources de valorisation de l'homme et de la femme étaient très différents, le couple hétérosexuel constituait un lieu où les comparaisons étaient rares. Ce fait mettait les individus à l'abri de la rivalité. Elle était fière des succès de son mari, et il l'était de ses talents d'éducatrice. Chacun pouvait bénéficier et même se glorifier des forces de l'autre. Ce n'est plus le cas aujourd'hui : les deux ont une carrière, s'occupent des enfants, partagent les tâches ménagères, font la cuisine, gèrent les finances, font du sport pour se garder en forme. La relation laisse davantage de place à la comparaison, et donc à la rivalité. L'admiration est plus difficile à susciter et les occasions de conflits sont plus nombreuses.

Il peut être tentant de mener de son côté le projet de réussir sa vie à soi, plutôt que d'investir dans un projet commun, de mener une lutte quotidienne pour la supériorité, plutôt qu'une vie de couple dans la reconnaissance des différences. Mais comment pourrait-on sortir vainqueur d'une bataille dans laquelle on a perdu un compagnon ou une compagne, dans l'ivresse de se sentir supérieur ? Chacun sait que la complicité apporte des joies bien plus durables et une sécurité bien plus profonde que celle qui naît d'un fugace sentiment de puissance.

LES ENJEUX DE L'ATTACHEMENT, DE L'AMOUR ET DE LA HAINE

Pour bien comprendre l'évolution de la relation amoureuse, il importe de saisir les jeux et les enjeux de l'attachement, de l'amour et de la haine.

L'attachement

L'attachement est nécessaire à tout être humain de l'enfance à la mort, on l'a vu au chapitre 2. Il est d'autant plus fort que les membres d'un couple ont vécu ensemble un grand nombre d'expériences. On peut donc penser que, dans l'évolution d'une relation, l'attachement grandit avec le temps et les expériences. Et c'est le cas. Pour le meilleur et pour le pire, d'ailleurs. Pour le meilleur, car c'est la valeur de la relation pour chacun qui grandit avec elle. Pour le pire, lorsque la dépendance empêche de mettre fin à une relation, même lorsque celle-ci se révèle destructrice.

Il ne faut pas confondre attachement et amour. Il est facile de comprendre un lien qui découle d'un bonheur partagé, mais il est plus difficile d'imaginer qu'une personne puisse s'accrocher à ce qui est douloureux, destructeur et détesté. C'est que la force de l'attachement est influencée par l'intensité des expériences vécues et des émotions ressenties, avec l'autre ou par rapport à l'autre, que ces expériences et ces émotions soient positives ou négatives. La haine et la douleur contribuent à la solidité du lien, tout autant que l'amour et le plaisir d'être ensemble. Certains partenaires, d'ailleurs, après avoir dressé une longue liste des défauts de l'autre et des problèmes vécus dans la relation, terminent leur longue plainte par : « Mais je l'aime. » En réalité, ce « je l'aime » signifie plutôt « j'y suis attaché ». L'attente, le rapprochement, le partage d'expériences diverses plus ou moins intenses, les conflits plus ou moins résolus, les batailles menées, gagnées ou perdues, tout cela unit[20].

Il n'est donc pas si simple de juger de la valeur d'une relation. En énumérer les avantages et les inconvénients ne suffit pas. Le lien, en soi, a une valeur.

C'est la richesse des relations à long terme. On n'est plus avec l'autre seulement pour ce qu'il est, mais pour les liens qui se sont tissés entre les deux, au cours du temps. On y trouve plus que la sécurité du connu, comme certains sont portés à le croire : c'est toute une part de notre vie, une valeur ajoutée, une dynamique qui influence nos attitudes, nos choix, nos sentiments envers la vie en général et non seulement envers le couple. On pourra remplacer assez rapidement un partenaire, vivre une passion plus grande, mais il faudra du temps pour reconstruire ce territoire commun, riche des expériences vécues.

Amour et haine

Parler d'amour et de haine, c'est un peu parler de vie et de survie[21]. En général, on aime ce qui nous fait du bien et on déteste ce qui nous fait du mal ou menace de nous en faire. Mais les choses ne sont pas toujours aussi simples : ce qui est aimé a le pouvoir de nous faire mal et de déclencher de la haine. À l'intérieur de la relation amoureuse, les moments de rage ont aussi leur place, et ce, pas seulement dans les cas de séparations houleuses. Ces émotions négatives prennent différentes formes et se manifestent à des degrés divers : tension, irritabilité, colère, agressivité plus ou moins contenue, ressentiment, désir de vengeance... La personne qui les éprouve n'est pas plus heureuse, à ce moment-là, que celle qui en fait l'objet. Mais ces émotions font partie de tout lien, et il importe de comprendre ce qui les génère, les maintient, les résout, et de saisir leur impact temporaire ou fatal sur la relation.

Dans un couple, les raisons d'en vouloir à l'autre sont nombreuses, non seulement à cause du temps et de l'espace partagés, mais aussi à cause de l'intensité du sentiment et surtout des attentes. La colère est le résultat de la frustration. Or, si celle-ci surgit lorsque l'autre ne répond pas à mes attentes, la cause peut se trouver aussi bien dans mes insatisfactions que dans le comportement de l'autre.

Chez l'enfant, la colère éclate lorsqu'il y a frustration. Pour lui, la mère est toute-puissante, ce qui implique qu'elle est tout autant responsable de ses douleurs et de ses manques que de ses plaisirs. On retrouve souvent des vestiges de cette façon de voir dans la relation amoureuse. L'autre ou le lien sont perçus comme devant apporter la satisfaction de tous les besoins, du moins affectifs. Mais l'adulte qui recherche la satisfaction de tous ses besoins dans la relation est nécessairement déçu… et il en veut à l'autre. Bien sûr, en chacun de nous, persiste le souvenir d'un état bienheureux où, parce que nous étions aimés, nous n'avions pas à être responsables de notre propre bonheur. Dans l'évolution de la relation amoureuse, comme dans le développement de l'enfant, si le deuil de l'amour tout-puissant n'est pas fait, il suscitera frustration et colère.

Tous les êtres humains aspirent à être compris. Il est donc normal qu'un partenaire amoureux s'attende à être accueilli, accepté, saisi à demi-mot par la personne dont il est le plus proche. Or, celle-ci peut ne pas être en mesure de comprendre ce qui se passe. Sa trop grande implication dans le problème, des différences dans les expériences passées ou le seul fait d'être de sexe différent peuvent l'empêcher de voir ce qui se joue dans le conflit. Pour l'autre qui croyait avoir enfin trouvé la personne capable de le comprendre « entièrement » — sentiment souvent présent, au début de la relation —, la déception sera forte. Elle pourra engendrer des émotions qui ressemblent davantage à de la haine qu'à de l'amour. Il se peut aussi que l'autre comprenne très bien, mais ne se sente pas obligé de modifier sa façon d'agir.

Paul s'est senti abandonné par sa mère, à l'âge de huit ans, lorsqu'elle s'est remariée après l'avoir élevé seule pendant six ans. Il est hypersensible à tout indice d'abandon. Catherine comprend la fragilité de Paul. Elle l'aime, s'engage pleinement dans la relation, lui jure fidélité et reste fidèle. Mais elle ne pourra jamais faire en sorte que son amoureux ne ressente aucune insécurité lorsqu'elle côtoie d'autres gens. Elle se refuse à restreindre son champ d'activités, mais elle est disposée à tenir compte de la sensibilité de Paul et à le rassurer dans la mesure du possible, notamment dans sa manière de le tenir au courant de ses allées et venues. Les interprétations, l'anticipation, l'anxiété de Paul lui appartiennent, ce qu'il devra reconnaître. Chacun pourra faire son bout de chemin.

Être en relation amoureuse génère des attentes. Chacun des partenaires compte sur une certaine présence, sur certaines satisfactions, sur le respect des ententes. Est-ce de la dépendance? Peut-on avoir besoin de l'autre sans être dépendant? Aimer, c'est accepter d'avoir besoin de l'autre. La distance, l'absence, le refus seront des occasions de frustrations. La dépendance n'est malsaine que si elle conduit une personne à avoir besoin de l'autre au point de nier ce qui est essentiel pour elle, afin de maintenir le lien à tout prix. Il est normal d'être en colère si l'autre a promis d'être là à 18 h, qu'il n'a pas prévenu de son retard et qu'il se fait toujours attendre à 22 h. Ce n'est pas de la dépendance, mais cela en serait chez quelqu'un qui ne peut passer une soirée seul, qui en veut à l'autre de ne pas répondre à ses attentes et qui vit de la détresse au moindre retard.

Certaines personnes ont de la difficulté à se remettre en question; la situation de couple leur permet, du moins pour un temps, d'échapper à un questionnement salutaire sur elles-mêmes. Dans une relation intime, il existe beaucoup de zones grises où il est possible de projeter sur l'autre ce qui se passe en soi et de le rendre responsable de son malaise. Ma mauvaise humeur du matin est-elle réellement due au fait qu'il fait du bruit en se brossant les dents ou plutôt causée par ma tension devant la perspective de me rendre à un travail qui ne me plaît pas ? Le plus petit accident peut être imputé à sa négligence plutôt qu'à ma propre maladresse. À la limite, toute tristesse, tout désenchantement pourra être attribué à son incapacité à me procurer la joie et le bien-être. Autant d'occasions de lui en vouloir… en plus de celles où il se montre vraiment bruyant, négligent ou ennuyeux.

Le deuil réussi de l'amour tout-puissant permet de voir le partenaire comme une source partielle de bonheur. Il est capable de satisfaire certains désirs, on peut compter sur lui ou sur elle pour certaines choses et non pour d'autres ; il nous donne une place dans sa vie et non toute la place. Ce deuil est nécessaire pour la survie de toute relation. Il en va de son propre bien-être, car on ne peut s'en remettre à l'autre pour assurer totalement sa sécurité, nourrir sa propre vie intérieure, répondre à tous ses besoins. La fuite en avant qui consiste à quitter quelqu'un pour chercher tout cela ailleurs se révèle plus souvent source de déceptions que de satisfactions.

**

On voit à quel point rien n'est complètement déterminé, heureusement, une fois que le choix du partenaire est fait. La construction du lien continue de faire appel à tout ce que nous sommes. La passion, l'intimité et l'engagement, qui définissent la relation, suscitent de constantes négociations entre les désirs et les peurs de chacun. C'est ce qui rend la relation vivante. Celle-ci est aussi soumise à des bouleversements venant de l'extérieur. Le désir de durer servira de moteur à la recherche de réponses aux questions qui se posent constamment pour le couple.

TROISIÈME PARTIE
Le désir de durer

CHAPITRE 5
Pourvu que ça dure...

Le succès d'une relation ne se mesure-t-il qu'à sa durée ? Certainement pas. On peut avoir connu un réel bonheur dans une courte relation, qui nous a beaucoup apporté même si elle a pris fin trop rapidement, comme on peut s'être démoli dans une relation malsaine qui a traîné en longueur. Certaines personnes s'entêtent à garder un lien auquel elles devraient renoncer, pendant que d'autres quittent trop tôt une relation pourtant enrichissante. La longévité n'est pas en soi une preuve de qualité. Cependant, le désir de durer se trouve présent au point de départ de la plupart des relations, même brèves. Il constitue sûrement la première condition nécessaire à la poursuite de la relation.

Ce n'est pas seulement pour la poésie que le discours populaire fait si souvent rimer « amour » avec « toujours ». La nature même du lien amoureux, son intensité, ses composantes de désir, de passion, d'attachement et d'intimité, font en sorte que tout l'être s'en trouve imprégné. Au fil du temps, la relation est devenue une sorte de chez-soi affectif auquel personne ne souhaite avoir à s'arracher. C'est pourquoi, au moins dans l'imaginaire des gens concernés, elle devrait être illimitée. Qui voudrait entendre ou dire : « J'aimerais vivre avec toi pendant dix ans » ? La durée moyenne des relations au Canada est effectivement d'environ dix ans[22], ce qui signifie que bon nombre d'entre elles prennent fin avant cette échéance. Pourtant, tous les amoureux veulent croire qu'ils font partie du groupe des privilégiés et qu'ils connaîtront le bonheur de vivre un amour éternel. Et il y en a.

On se souvient de Richard (chapitre 1), qui vivait des relations brèves à répétition. Dans sa relation avec Hélène, il souhaite aujourd'hui de la stabilité. Ce désir a influencé sa façon d'être en relation. Progressivement, il en est venu à se sentir à l'aise non seulement avec les qualités d'Hélène, mais aussi avec ses défauts : il les connaît, il n'en a plus peur, même s'ils le dérangent encore. Il ne sait pas exactement à quel moment il a décidé de s'engager, mais il se sent lié et, cette fois, il en est heureux. Hélène, elle, a d'abord eu peur de s'engager avec Richard : allait-il l'abandonner comme il en avait laissé tomber tant d'autres avant elle ? À un moment donné, elle a senti qu'elle pouvait prendre un risque raisonnable et elle a décidé de le faire. Au début, elle guettait la fin de la relation et s'y préparait presque, en réservant son implication. Puis, rassurée par la présence, les gestes et l'expression des sentiments de Richard, elle s'est mise à croire en la longévité de cette relation. Chacun de leur côté, et pour leurs propres raisons, Richard et Hélène souhaitent donc que la relation dure. De jour en jour, d'année en année, le nombre d'expériences partagées se multiplie pour former une chaîne dans laquelle ils ne savent plus trop ce qui est l'idée de l'un ou de l'autre, la contribution de l'un ou de l'autre. De plus en plus de choses appartiennent au « nous » qui vient enrichir le « je » de chacun.

Les exemples de Richard et d'Hélène montrent que les raisons de vouloir inscrire sa relation dans la durée peuvent être tout à fait conscientes et avouées. Les deux partenaires ont une vision assez claire de ce à quoi ils tiennent, de ce qu'ils ne sont pas prêts à laisser partir sans combattre. Mais le désir de durer peut aussi et en même temps contenir des éléments beaucoup plus diffus, inavoués, qui n'en jouent pas moins un rôle important dans l'évolution de la relation. Nous avons vu au chapitre précédent comment le présent et l'avenir d'un lien peuvent être influencés par l'histoire ancienne et personnelle de chacun des membres du couple.

De quoi est fait le désir de durer dans la relation à laquelle nous tenons ? Nous tenterons de l'expliciter en passant du plus clair au plus caché, même si le clair n'est pas toujours exprimé à haute voix. Nous nous interrogerons ensuite sur les attitudes et les conditions qui favorisent la solidité d'une union.

LES COMPOSANTES DU DÉSIR DE DURER

La joie d'aimer

Ceux et celles qui souhaitent une relation durable veulent avant tout ressentir de l'amour, celui de l'autre et le leur envers l'autre. Ils savent, ils sentent qu'ils sont plus vivants, plus habités quand ils aiment.

De plus, ils savent que ce n'est pas en ami, en frère ou en sœur qu'ils veulent aimer et être aimé. Ils veulent occuper une place unique dans la vie de l'autre, être désiré, être choisi pour vivre avec cette personne des expériences actuelles et pour élaborer des projets avec elle. C'est pourquoi ils veulent que cet amour prenne une forme bien concrète. Dans le quotidien, la relation vient confirmer les sentiments, en même temps qu'elle apporte toutes sortes de satisfactions.

Cet amour les rassure aussi sur leur propre valeur, non seulement l'amour qu'ils reçoivent, mais aussi celui qu'ils se découvrent capables de donner. La découverte de leur propre capacité d'aimer avec constance leur apporte une impression d'accomplissement comparable à celle de l'artiste ou du créateur qui réalise une œuvre d'art.

Les amoureux qui recherchent la durée veulent continuer d'être habités par ces sentiments : vitalité intense, plaisir d'être choisi, impression d'accomplissement. Même s'ils ne le disent pas toujours à haute voix, ils pressentent qu'ils ont fait un pas de plus dans leur développement et sont prêts à investir du temps et de l'énergie pour poursuivre dans cet élan.

Faut-il en déduire que l'amour durable serait l'antidote parfait à la solitude existentielle ? Beaucoup d'adultes caressent cette illusion. Mais même si l'être humain est constamment à la recherche d'un remède à son sentiment de solitude, il reste fondamentalement seul. Dans une certaine mesure, la relation amoureuse vient effectivement apaiser ce sentiment... si le lien persiste et si les souffrances antérieures n'ont pas créé un vide sans fond qu'aucune présence humaine, si chaleureuse soit-elle, ne saurait remplir.

La satisfaction sexuelle

La satisfaction sexuelle entre en jeu dans l'aspiration à construire une relation durable. Bien sûr, il s'agit du plaisir physique, mais aussi d'un rapprochement ultime avec l'autre, un lien qui demeure au-delà de la satisfaction immédiate.

La volonté de maintenir le lien permet généralement au couple de survivre à la baisse du désir sexuel, même si la rencontre sexuelle reste indispensable pour le souder au départ. Après quelques années, la barrière entre les corps est tombée, il existe un terrain intime, quelqu'un que l'on connaît dans son corps, qui connaît le nôtre, avec qui il y a plus d'aisance que de peur, quelqu'un que l'on peut toucher sans s'excuser et qui nous touche d'une manière particulière. Cela est unique : personne d'autre ne pourrait jouer ce rôle.

Les membres du couple connaissent aussi les étapes qu'il a fallu franchir pour en arriver là : l'apprivoisement du corps, les rythmes, les crises, etc. Dans le désir de durer s'exprime la volonté de ne pas perdre l'intimité acquise et de ne pas avoir à recommencer ce long processus avec une autre personne.

La sauvegarde de l'intimité déjà créée

Le partage de l'intimité créée dans une relation qui se maintient depuis un certain temps est rassurant. Chacun des membres du couple sait qu'il existe un territoire dans lequel il n'est pas seul. Ce territoire est le fruit de cette relation particulière et il devrait être entièrement reconstruit dans une autre relation.

Sentir qu'une personne nous connaît dans les petits gestes du quotidien et qu'elle nous accepte ou, du moins, ne nous rejette pas, constitue une base solide de confiance en soi. Le fait de nous être dévoilé sans avoir été repoussé, d'avoir découvert l'autre, de nous être adapté à un nouveau style de vie, tisse des liens puissants que nous ne voulons pas perdre. Bien plus, nous voulons continuer à les affermir. Du moins, nous avons appris à vivre avec eux et nous n'envisageons pas facilement d'avoir à nous en passer.

Les ruptures sont exigeantes et douloureuses, nous en avons bien conscience. Car nous sommes aussi attachés à un mode de vie, à un réseau familial et social, à des habitudes, à des façons de faire, à des lieux, à des expériences qui sont propres à cette relation. Prendre appui sur ce qui a été construit pour aller plus loin, pour améliorer la qualité de notre vie affective, sociale et matérielle, a plus de valeur à nos yeux que recommencer à neuf.

La relation est un projet dans lequel nous savons bien que nous ne possédons pas un contrôle total et continu. Mais nous croyons que si nous nous investissons honnêtement dans toutes les phases de son développement, nous pouvons continuer de la nourrir. Plus cet investissement est important, plus nous tenons à ce que nous avons contribué à créer.

LA PART DE L'INCONSCIENT

Au premier de l'An, Annick et Yan, chacun de leur côté, s'étaient donné comme objectif de former un couple, au cours de la prochaine année. Elle, que son entourage décrivait comme trop exigeante, s'était montrée prête à réévaluer ses critères. Lui avait fait des efforts pour devenir plus séduisant, en s'entraînant régulièrement au centre sportif. Lorsqu'ils font la connaissance l'un de l'autre, ils se plaisent suffisamment pour arrêter leur recherche. Ils se rencontrent souvent, se parlent de leur cheminement antérieur, des problèmes qu'ils ont vécus et des situations qu'ils ne veulent pas reproduire. Ils partagent leur vision du couple, leur volonté de tout faire pour construire un amour durable. Rien ne semble faire obstacle à la poursuite de leur relation. Ils font un projet de voyage et commencent même à regarder les appartements qu'ils pourraient partager.

De plus en plus, cependant, Annick se sent mal à l'aise. Elle ne comprend pas très bien ce qui lui arrive : elle veut que ce projet de couple se réalise, mais c'est plus fort qu'elle, une distance s'impose. Ce n'est pas la première fois qu'elle connaît une telle hésitation. Elle en vient donc à la conclusion que la volonté ne suffit pas, qu'une force intérieure l'empêche d'être heureuse dans l'intimité. Yan, lui, se demande pourquoi il n'attire pas davantage les femmes. Pour lui non plus, la situation n'est pas nouvelle : ou bien elles exigent trop de lui, et il veut fuir, ou bien elles le rejettent sans que ni l'un ni l'autre ne sachent trop pourquoi. Annick et Yan n'étaient peut-être pas faits pour vivre ensemble : l'intérêt qu'ils ont trouvé au début, dans la relation, s'est peut-être rapidement émoussé. Mais il est possible aussi que, bien malgré eux et pour fuir une difficulté quelconque, ils répètent des mises à distance qui leur semblent nécessaires pour se protéger. Se protéger de quoi ? Voilà ce qu'il leur faut découvrir.

Si le désir conscient de durer était le seul en cause, chez les individus, les statistiques sur les séparations seraient fort différentes. Apparemment, tout le monde veut la même chose ou à peu près : aimer et être aimé, poursuivre un projet commun, vieillir ensemble, ne pas avoir à recommencer sans cesse une quête amoureuse. Dans les faits, pourtant, la durée varie énormément d'une personne à une autre et d'une relation à une autre. Pourquoi ?

Pour comprendre, il faut sans doute chercher du côté des autres désirs, des peurs ou des conflits entre désirs et peurs, moins accessibles à la conscience mais tout aussi puissants. C'est la seule manière d'expliquer ce qui pousse tant de gens qui, consciemment, souhaitent une relation durable, à multiplier les liaisons sans lendemain ou à s'engager pour toujours puis à se désintéresser de leur projet ou à se déchirer. Car le paradoxe est fréquent entre ce qui est désiré et ce qui est vécu. Faut-il le rappeler : une relation n'est pas seulement le résultat de la rencontre de deux volontés, elle est aussi celle de deux inconscients.

Des désirs contradictoires

Le désir que la relation dure peut être sincère chez chacun des partenaires, mais la sincérité ne suffit pas, car ce désir n'est pas le seul en cause. Chacun a encore des rêves individuels d'affirmation, d'indépendance, de liberté, de succès notamment, qui pourraient à l'occasion entrer en conflit avec l'intention de durer. Et il sera sans doute nécessaire de négocier avec soi-même tout autant qu'avec l'autre : quelles sont mes priorités ? Le désir de durer sera un support à ces négociations, mais il ne les remplacera pas.

De plus, certains désirs sont inconnus de la personne ou lui paraissent inavouables, y compris à elle-même. Si, par exemple, je cherche à contrôler l'autre parce que cela m'apporte des satisfactions ou parce que cela calme mes craintes de l'inconnu, il est peu probable que je l'avoue et même que je me l'avoue. Or, ce besoin risque d'avoir des conséquences graves dans le déroulement de la relation : ou l'autre se laissera contrôler pendant un certain temps puis se révoltera ou prendra la fuite, ou les conflits seront quotidiens et mèneront à une impasse.

Dans ce cas, le désir d'une relation durable fait face à plus fort que lui : le désir de contrôle. Je pourrai conclure que mon conjoint et moi ne nous entendions pas, mais encore ? Me suis-je déjà bien entendu avec quelqu'un ? Mon besoin de dominer m'a-t-il déjà fait perdre d'autres relations ? Se manifeste-t-il dans d'autres sphères de ma vie ? Si oui, la solution de mon vrai problème ne se trouve peut-être pas dans la rupture…

Heureusement, le besoin de liberté ne s'évanouit pas devant le désir d'être en relation. Chez certaines personnes, toutefois, toute contrainte, si petite soit-elle, semble intolérable. Le lien est rapidement vécu comme oppressant, car il implique des compromis. Celle ou celui qui se sent étouffé dans une relation doit trouver une solution. Il peut croire, à tort, que la seule façon de se libérer est de quitter la relation, à laquelle il tenait pourtant sincèrement. Ce n'est pas pour rien que le terme « étouffer » est si souvent utilisé pour exprimer le sentiment de perdre sa liberté : quand on manque d'air, la situation devient une question de vie ou de mort, il faut fuir ! Mais cette personne se retrouvera dans la même situation aussi longtemps qu'elle n'aura pas fait la synthèse de son désir de relation et de son désir de liberté. Pour cela, il lui faudra se remettre en question et cesser de croire que l'autre est responsable de son malaise. Si la sensation d'étouffer s'est manifestée dans plusieurs relations, elle devra bien admettre que la cause se trouve à l'intérieur d'elle-même. Elle devra alors trouver d'autres solutions que la fuite pour enfin réaliser son rêve d'une relation durable.

Des peurs souterraines

Les peurs jouent parfois un rôle encore plus subtil dans le comportement que les désirs concomitants ou contradictoires.

Certaines peuvent être conscientes et d'autres, beaucoup moins. L'angoisse de perdre l'autre, par exemple, peut conduire quelqu'un à mettre fin le premier à une relation à laquelle il tenait pourtant. La crainte de ne pas être à la hauteur ou de perdre la face et d'être humilié, selon ses propres critères évidemment, peut aussi provoquer le retrait. On fuit ce que l'on redoute, même quand on est attiré par ce que l'on fuit, car l'être humain a davantage tendance à fuir la douleur qu'à rechercher le bonheur.

Certains ne supportent pas d'avoir mal, au point de conserver une attitude de retenue constante. C'est le cas de Jim (chapitre 3), qui a tellement peur de souffrir d'une séparation qu'il s'empêche de goûter pleinement sa relation avec **Rosalie**. Sa réserve exagérée donne lieu à des tensions : le naturel n'y est pas, et sa confiance nécessaire au bien-être dans l'intimité est limitée. Cette attitude est blessante pour sa compagne. Au fond, Jim ne serait-il pas effrayé par sa propre dépendance ? Il refuse de s'appuyer sur Rosalie, de peur de trop souffrir si elle le quitte. Peut-être redoute-t-il aussi de découvrir l'immensité de son besoin à lui…

Si Rosalie, qui a aussi droit à ses anxiétés, interprète cette distance comme un rejet, si elle réagit en menaçant Jim de le quitter, l'angoisse de la perdre portera son amoureux à se protéger encore davantage. Jim et Rosalie peuvent se renforcer mutuellement dans leurs craintes et dans les attitudes qui en découlent. Mais ils pourraient aussi chercher à se rassurer mutuellement, ce qui ne les empêchera pas d'avoir à assumer, lui, sa peur de la dépendance et elle, sa peur du rejet. Si, au contraire, ni l'un ni l'autre ne s'arrête pour tenter de comprendre ce qui se passe, il est bien probable que la relation n'aura d'autre issue que la séparation.

Carl et Bernadette (chapitre 2) ont osé porter ce regard sur eux-mêmes, comme individus et comme couple. Lorsque la dynamique de leur relation a été bouleversée par des changements qui pouvaient susciter des peurs chez l'un ou chez l'autre — quand Bernadette a acquis plus de pouvoir économique, par exemple —, ils ont pu en parler sans honte ni culpabilité. Au fil des années, ils avaient construit une sécurité qui leur permettait de prendre contact avec leurs désirs sans les redouter. Cette assurance les a aidés à se développer comme personnes, sans craindre d'ébranler l'autre ou de déstabiliser leur couple.

Le désir et la peur de la fusion ou de la dépendance, la tendance à répéter ce qui a déjà échoué dans l'espoir de le dénouer autrement, les mécanismes d'autodestruction ou d'autopunition peuvent jouer de vilains tours, à l'insu des partenaires, et faire obstacle à la pérennité de la relation.

Désir et peur de la fusion

Le désir et la peur de la fusion sont tous deux présents, à des degrés divers, en chacun de nous. Nous voulons rompre avec notre solitude, nous voulons nous rapprocher d'une autre personne, sans conflit et sans distance. Ce serait le *nirvana*, le retour au sein de la mère. Mais voilà, nous paniquons tout autant à l'idée de disparaître dans une relation qui ne nous laisserait plus de place comme individu.

Notre expérience passée de séparation-individuation[23] dans notre lien avec notre mère pourra servir de point d'appui à notre confiance d'en arriver à une juste distance avec notre partenaire, une distance qui permet à la fois d'être et d'être en relation. Mais pour celles et ceux qui n'auraient pu vivre le processus jusqu'au bout, soit parce que la séparation d'avec la mère aura été trop brusque, soit parce que, au contraire, la relation symbiotique se sera poursuivie trop longtemps, la relation amoureuse sera teintée d'ambivalence : désir de rapprochement et peur de fusion. Dans le meilleur des cas, la conscience de ce qui se passe permettra de résoudre cette ambivalence : les partenaires feront différentes tentatives pour trouver un degré de rapprochement suffisamment confortable. Dans les pires des cas, soit la fusion sera telle que les deux y perdront leur sentiment d'être, et donc leur bien-être, soit tout rapprochement sera fui, mettant ainsi fin à la relation sans jamais lui permettre d'évoluer.

Ana (chapitre 2) est constamment en état de fusion ou de rupture. Lorsqu'elle commence une relation, elle se perd de vue, pour ne pas dire qu'elle se perd tout court. Son désir de proximité se traduit par une incapacité à tolérer la distance : elle cherche à répondre aux attentes de l'autre, au point de se fondre totalement dans l'autre. Ainsi, elle évite toute confrontation, toute discussion, mais aussi toute création d'un territoire intermédiaire. Pour survivre psychologiquement, elle doit forcément prendre une distance. Or, la fuite est la seule manière qu'elle connaît de le faire. Quand elle sent qu'elle est en train de disparaître dans l'autre, elle a peur, et l'évitement est une réaction normale à la peur. Si Ana rencontrait un partenaire qui ne lui permette pas de fusionner, elle devrait faire l'effort de rester en relation suffisamment longtemps pour développer d'autres attitudes qui lui donneraient le plaisir d'être en relation sans se perdre.

Toute relation comporte une phase d'expérimentation : il s'agit de délimiter le territoire commun et les territoires individuels. Cette étape est encore plus importante quand les relations antérieures, dans l'enfance et à l'âge adulte, ont été marquées soit de fusion, soit d'abandon.

Les insatisfactions par rapport au degré de rapprochement sont au nombre des difficultés les plus fréquentes dans le couple[24]. Et pour cause : si chacun doit déjà négocier avec lui-même pour trouver une issue acceptable à la contradiction qui existe entre ses peurs et ses désirs, on peut imaginer combien d'efforts il faudra pour trouver le juste degré qui convienne aux deux partenaires. Il ne faut donc pas céder à la panique ni tirer trop rapidement des conclusions quand l'autre paraît trop proche ou trop lointain. « Cent fois sur le métier » remettons notre ouvrage et nous arriverons à trouver dans quelle mesure le couple sera tissé serré.

Le désir de réparation

La relation amoureuse peut-elle être l'occasion de réparer ce qui n'a pas bien fonctionné dans le processus de séparation d'avec la mère ? Oui, dans une certaine mesure. Mais elle ne le sera sûrement pas si l'on se jette aveuglément dans une relation puis dans une autre, à la poursuite de satisfactions que l'on n'a pas encore trouvées. Pour que la relation soit réparatrice, il faut une prise de conscience de ce qui a marqué les liens antérieurs : comprendre non seulement le rôle joué par les autres dans ce qui n'a pas fonctionné, mais aussi son propre rôle et, surtout, la dynamique en jeu dans ces rapprochements.

Mona ressent un vide intérieur dès que la vie n'est pas excitante pour elle. Sa sœur malade, née lorsqu'elle n'avait qu'un an, a accaparé toute l'attention de sa mère ; la coupure s'est faite trop brusquement. Le père lui accordait cependant beaucoup d'attention, mais il était souvent absent pour son travail. De 16 à 20 ans, Mona a vécu une relation amoureuse qui l'a rendue heureuse. Elle avait le sentiment que son vide intérieur était enfin comblé. Son copain et elle ne se quittaient jamais ; ils avaient les mêmes amis et ils entrevoyaient une vie commune pour toujours. Mais Mona était sujette aux crises de jalousie. La rupture a été désastreuse et a réveillé les douleurs du passé. Heureusement, Mona a trouvé l'aide nécessaire pour comprendre ce qui appartenait à ses différentes relations, pour se souvenir de ce qu'elle avait reçu de bon dans celle qu'elle venait de perdre, de même que dans celle vécue avec son père et avec sa mère. Elle a compris qu'aucun amour ne pourrait à lui seul combler son vide intérieur, mais qu'un lien pouvait néanmoins être très nourrissant. Plus tard, elle a pu envisager une relation avec un homme, sans imaginer qu'il pourrait répondre à tous ses manques en ne vivant que pour elle.

Le rêve de trouver « la » personne avec laquelle la relation amoureuse sera réparatrice pour toutes les autres, de former un couple qui dure toujours, est sans doute universel. Malheureusement, une telle personne n'existe pas. Aucun être humain n'a le pouvoir, à lui seul, de faire en sorte que l'union soit réussie et, surtout, que l'autre soit heureux.

Il est vrai que l'amour peut être une occasion extraordinaire de guérir certaines blessures. Pas toutes, cependant. Quand le désir de durer apparaît trop intense, presque maladif, c'est qu'il est fondé sur une volonté de réparer tous les drames passés d'abandon, de rejet ou de solitude. Si l'adulte sait faire certains deuils, il deviendra capable d'apprécier de nouvelles façons d'être en relation. Il en tirera, non seulement des satisfactions immédiates, mais une nouvelle façon de se voir et de voir les autres. Accepter que certaines blessures aient entraîné des séquelles, que le manque d'affection ait laissé un grand vide, trop grand, et que personne ne pourra le combler totalement, est un deuil nécessaire pour pouvoir apprécier l'amour qui est là, tout limité qu'il soit, mais réel.

Dans les conflits de couple, on entend souvent des reproches du style : « Tu es comme tous les autres » ou « Tu me traites comme d'autres avant toi... » Ils expriment une colère envers ce partenaire qui nous fait revivre ce que l'on a déjà vécu, qui ne répare pas toutes nos blessures. Cette rancœur peut être justifiée du point de vue de la personne déçue mais, en soi, elle ne concerne pas celle qui la reçoit.

Le sabotage amoureux

À regarder vivre certaines personnes, il semble que les relations amoureuses soient pour elles une suite d'occasions de se blesser. Les mécanismes d'autodestruction peuvent se manifester de façon évidente par de l'automutilation, des troubles alimentaires, l'usage de drogues, d'alcool, ou toute autre forme d'excès ou de privation. Dans les relations affectives, ces mécanismes sont souvent à l'œuvre de manière plus subtile. Ils peuvent pousser une femme ou un homme à choisir systématiquement une relation à risque ou à saboter celle qui leur aurait pourtant apporté beaucoup.

Jeanne s'est mariée deux fois. Son premier mari lui reprochait de ne pas le satisfaire sexuellement et lui faisait des commentaires très blessants. Mais elle l'admirait et elle se sentait privilégiée d'avoir été choisie par un homme de sa qualité. Elle l'aimait. Elle a cru que lui aussi l'aimait, jusqu'à ce qu'il lui révèle sa liaison avec la voisine. La chose durait depuis plusieurs mois et il voulait divorcer pour aller vivre avec elle. On peut imaginer la tempête dans la vie de Jeanne. Dans sa détresse, elle passe sans cesse de la dévalorisation à la culpabilité, à la honte, à la colère. Et elle se promet bien de ne plus jamais se laisser prendre! Déjà, à l'adolescence, elle avait connu sa première expérience douloureuse avec un homme, alors qu'un oncle avait abusé d'elle...

Quelques mois plus tard, Jeanne rencontre Gilles, un garçon très gentil et très doux. Tout en étant affectueux, il ne met pas l'accent sur la sexualité. Enfin, elle se sent appréciée pour ce qu'elle est! Après quatre ans de vie commune, Gilles lui apprend qu'il a tout fait pour se convaincre du contraire, mais qu'il est homosexuel. Tout au long de leur relation, il a rencontré des hommes et, depuis quelques mois, il est vraiment amoureux. Il veut aller vivre avec son copain. Jeanne se sent d'autant plus blessée qu'elle avait en Gilles une confiance absolue. Elle croyait avoir trouvé l'amour réparateur de toutes ses blessures antérieures. Avec le recul, elle comprend qu'elle savait, mais qu'elle a refusé de voir clair. Elle devra se pardonner de n'avoir pas vu ce que son conjoint lui cachait. Elle devra faire l'effort de ne pas rejeter ou nier en bloc l'apport de cette relation dans sa vie.

Avec de l'aide, Jeanne analyse son cheminement : elle découvre le vrai visage de cet oncle que tout le monde semblait estimer et qui avait abusé d'elle et d'autres cousines. Comme elle recevait peu d'affection dans sa famille, elle avait été sensible à celle que l'oncle lui offrait. Mais la déception était venue rapidement : il avait donné un tour sexuel à la relation et il l'avait ensuite délaissée pour s'intéresser à d'autres jeunes filles. Dans ses relations ultérieures, le même scénario se reproduit, avec des variantes.

Celle vécue avec Gilles a quand même été plus enrichissante. Avant de se lancer dans une prochaine aventure, toutefois, Jeanne devrait chercher à mieux comprendre ce qui se passe en elle quand on lui offre de l'amour. Pourquoi a-t-elle besoin d'y croire au point de continuer à admirer la personne qui la méprise ou de ne pas tenir compte des signaux d'alarme ? La sexualité aura sans doute toujours pour elle quelque chose de troublant. Mais elle est adulte maintenant et elle n'a plus à se soumettre à l'autre ni à compter sur lui pour créer la distance avec ce qui la trouble ou lui fait peur. Elle peut participer activement à la fixation des balises souhaitées.

Dany est ce que l'on appelle « un bon gars ». Il a vécu plusieurs relations dans lesquelles il s'est retrouvé abandonné, et lui et son entourage se demandent toujours pourquoi. Dany a eu un père très autoritaire, dur avec lui et avec sa mère. Il s'est juré qu'il ne traiterait jamais sa femme de cette manière. Il est à l'écoute et se montre conciliant. Il choisit des compagnes assez fortes auxquelles il ne s'oppose pas. Certaines ont fini par se désintéresser de lui. D'autres ont abusé de leur autorité et l'ont quitté en expliquant qu'il n'avait pas suscité leur respect. C'est vrai, Dany n'ose pas s'affirmer, il n'a pas eu l'occasion de l'apprendre. Un jour, il devra saisir que ce n'est pas à force de soumission qu'il inspirera de l'amour. La force qu'il recherche chez les femmes existe aussi en lui. Il devra apprendre à s'en servir et à partager le pouvoir dans une relation. Sinon, il ira de rejet en rejet.

Jeanne et Dany ne sont pas des êtres « malchanceux en amour ». Ils ont à comprendre ce qui, en eux et dans leur histoire, les entraîne dans les mêmes scénarios malheureux.

Les causes de la tendance à l'autodestruction sont nombreuses. Se sentir coupable, même lorsque cela est totalement injustifié, pour les victimes d'abus sexuel par exemple, peut pousser une personne à se punir inconsciemment. Elle ne se donne pas droit à une relation heureuse. La souffrance est sa seule façon de diminuer le poids de sa culpabilité. De même, l'impression de ne pas avoir de valeur personnelle, excessivement forte chez les victimes de négligence, de mépris ou d'agression, entraîne une difficulté à accepter l'amour de l'autre ou une tolérance anormale au manque de respect.

De tels sentiments conduiront la personne la plus désireuse de construire une relation durable à ne pas se protéger contre le rejet et l'abandon. Mais en prenant conscience de ce qu'elle se fait à elle-même ou en comprenant comment elle contribue au tort que d'autres ou la vie lui font, elle franchit la première étape du changement. Par la suite, si elle saisit que bien qu'elle ait été victime, elle n'est pas seulement une victime et qu'elle a maintenant un certain pouvoir dans la situation, elle pourra vivre autrement ses relations.

Une relation à tout prix ?

La détermination à poursuivre une relation à tout prix peut entraîner chez une personne un aveuglement plus ou moins volontaire. Certains amoureux, de peur de faire face à des problèmes qu'ils ne pourraient résoudre, n'osent lever le voile sur leur malaise, de crainte d'avoir à remettre en question leur lien. C'est précisément ce qui le rend fragile.

Justine avait 35 ans lorsqu'elle a rencontré **Kevin**. Il était séparé et avait deux adolescents dont il avait la garde une semaine sur deux. Elle-même n'avait pas d'enfant. Quand

Kevin parlait des siens, son désir d'être mère se ravivait, mais elle n'en parlait pas, de crainte de l'effrayer. Les jours de garde, Justine s'est impliquée progressivement dans l'éducation des ados, ce que Kevin a trouvé tout à fait naturel. Chacun se pliait aux chambardements provoqués par cette nouvelle dynamique, en parlant d'une période d'adaptation normale. Justine accepta finalement d'emménager avec Kevin. Du coup, elle se retrouva heureuse une semaine sur deux. Les jeunes lui menaient la vie dure et lui manquaient fréquemment de respect. Kevin refusait d'intervenir. Justine, de son côté, ne voulait pas gâcher les moments extraordinaires qu'ils vivaient quand ils étaient seuls, en lui rappelant ses responsabilités à l'égard de ses enfants et d'elle-même. Quand elle osa parler de son désir d'avoir un enfant, il lui répondit : « On verra. » En réalité, il se sentait débordé par ses adolescents et par son ex-conjointe qui faisait des histoires. Il ne se voyait vraiment pas avoir un bébé, mais il ne voulait pas perdre Justine. Il évitait donc ce sujet, ainsi que tous les autres qui semblaient conflictuels. Dans ce contexte, Justine éprouvait un sentiment croissant d'injustice et devenait de plus en plus irritable. Kevin, qui un jour en avait eu assez de la mauvaise humeur de son « ex », se demandait s'il n'était pas retombé dans la même situation et s'il pouvait continuer comme cela encore longtemps. En même temps, ni Justine ni Kevin ne se sentaient capables de dire à quel point ils tenaient à leur relation. L'expression des sentiments positifs prenait de moins en moins de place dans leur vie, et l'atmosphère était chargée de non-dits négatifs. La motivation à changer pour que l'autre soit plus heureux était de moins en moins présente. La rupture paraissait être la seule solution à un problème qui, étonnamment, n'avait pas encore été exprimé, défini, discuté, de manière à envisager d'autres solutions.

Lever le voile sur les difficultés de Kevin à s'affirmer avec ses enfants, démasquer les vraies raisons de Justine de manifester de la mauvaise humeur et trouver une manière plus efficace d'exprimer son insatisfaction est exigeant pour chacun des membres du couple. Si c'est le nœud du problème, la rupture aura comme seul effet de soulager Justine des défauts de Kevin et vice versa. S'ils abordent réellement les questions, il est possible qu'ils ne puissent pas trouver toutes les réponses immédiatement. Mais une chose est sûre : le refus de faire la lumière ne permettra ni à chacun des individus ni au couple de se mettre en quête de solutions.

Le désir de durer est naturel. On le voit, cependant, à lui seul, il ne suffit pas pour établir une relation dans la durée. Même le plus profond des amours, vécu avec la plus ferme résolution de résister au temps, ne suffit pas. Une relation satisfaisante n'en découle pas automatiquement. Il existe des conditions plus favorables que d'autres, et on peut les choisir, les créer, les influencer.

LES CONDITIONS DE LA DURÉE D'UNE RELATION SATISFAISANTE

Plusieurs facteurs viennent influencer la qualité et la durée d'une relation. Certains appartiennent à la dynamique propre à chacun des partenaires, d'autres à celle du couple. Le niveau de perception de ces dynamiques varie aussi. La prise de conscience, celle qui concerne le fonctionnement de chaque personne et l'effet sur le fonctionnement du couple de telle ou telle attitude de chacun, demeure un point de départ essentiel pour maintenir ou améliorer la qualité de la vie commune. Au fil du temps, cette lucidité devient primordiale pour résoudre les problèmes qui se posent. Et il y en aura.

Des attitudes favorables

Les amoureux pensent trop souvent que l'amour suffira. S'ils s'aiment vraiment et s'ils partagent les mêmes valeurs, croient-ils, ils devraient pouvoir éviter les conflits et même les crises. Attention, passion et attrait ne sont pas synonymes de sentiments positifs, du moins pas à tout moment. C'est d'ailleurs ce qui explique l'intensité des disputes de couple. Le déchirement est d'abord à l'intérieur de soi : se découvrir à la fois attiré et insatisfait, par exemple. La relation amoureuse est un lieu d'émotions fortes et de problèmes à résoudre, certains concrets et quotidiens, d'autres plus profonds. Mais certaines attitudes aident à mieux traverser les épreuves et à établir la relation dans la durée. En voici quelques-unes qui semblent particulièrement constructives.

Une vision d'ensemble

La valeur d'une relation ne repose pas seulement sur les derniers événements que le couple a vécus, mais bien sur toute son histoire et même sur l'anticipation de son avenir. Chaque conflit, chaque frustration s'ajoute à un ensemble qui en contient d'autres et qui renferme aussi de petites et de grandes joies. Ce qui unit ces deux personnes est fait d'une trame qui vaut plus que chacun des fils qui la croisent. La vision d'ensemble, c'est-à-dire la capacité de voir le tout, constitue un point d'appui dans les moments difficiles. Elle peut en elle-même apporter un sentiment de satisfaction, malgré les manques inévitables.

Lorsque Bernadette (chapitre 2) a commencé à travailler davantage, elle était moins disponible pour écouter Carl parler de ses préoccupations. Elle l'était moins sexuellement aussi. Carl a ressenti fortement ces manques. Il s'est même demandé s'il persisterait dans une relation qui changeait à ce point. Puis, il a cherché les aspects qui perduraient, malgré les changements. Il en a trouvé plusieurs : complicité, attachement, de bons moments de plaisir et de tendresse, une certaine passion même. Bien sûr, ces côtés positifs étaient mêlés au stress, à des tensions et de la mauvaise humeur, à des mises à distance même, mais ils restaient précieux. Sa vue d'ensemble lui a permis de constater qu'il tenait à cette relation, au point d'accepter certaines frustrations, tout en gardant le cap sur l'essentiel. Cependant, Carl ne serait pas allé jusqu'à tolérer que Bernadette le méprise ou le trompe avec son meilleur ami. Il y avait tout de même des limites à ne pas dépasser.

La prise de décision, concernant la poursuite ou non d'une relation, son orientation, les changements à y apporter, sera toujours mieux guidée par une vision d'ensemble que par des réactions à courte vue. Dans la conduite d'une automobile, une vision large prévient mieux les collisions que celle centrée sur les obstacles immédiats. On peut croire qu'il en est de même dans le domaine délicat des relations amoureuses.

La capacité de communiquer

La capacité d'échanger, de faire saisir à son partenaire ses émotions et ses sentiments, de définir les problèmes, en un mot de communiquer, est ce qui est le plus souvent invoqué pour expliquer les forces comme les faiblesses du couple. Et pour cause ! C'est elle qui permet de créer le troisième territoire qu'est la relation.

Certes, il y a des problèmes que le meilleur des dialogues ne permettra pas de résoudre : « J'en aime un autre » ne peut se dire sans faire mal au conjoint qui est encore amoureux.

Il y a, bien sûr, des règles à respecter pour une bonne communication, tant sur le plan verbal que non verbal[25]. Mais au-dessus de toutes les habiletés, il faut placer l'authenticité. On ne peut se permettre de sonner faux, auprès de la personne qui nous connaît le plus dans l'intimité, sans courir le risque que ce manque de loyauté soit perçu et vécu comme du mépris. Mais pour être vrai avec l'autre, il faut d'abord sentir ce qui est vrai pour soi et en soi. Cela implique que l'on peut ne pas être prêt immédiatement à échanger sur un sujet donné. Il est aussi permis, voire souhaitable, de se garder un jardin secret.

Certains comportements de communication sont contrôlés volontairement, d'autres pas. Il ne faut jamais perdre de vue qu'un message, particulièrement lorsqu'il porte sur l'affectivité, est la traduction de l'émotion de l'un des partenaires en mots, ceux qu'il trouve, ceux qui lui paraissent se rapprocher le plus possible de ce qu'il ressent. Ce message sera soumis à l'interprétation de l'autre, teintée de ses propres émotions et de ses expériences passées, dont certaines n'ont rien à voir avec la personne qui est devant elle. Chacun communique donc comme il peut et non comme il veut.

Dans un couple, la communication est faite d'une suite de conversations qui s'enchaînent avec les événements et les gestes de la vie quotidienne. Les paroles ne sont pas les seules à manifester un état d'âme. Les gestes, les silences, les attitudes, l'humeur, le comportement, tout contient un message pour celle ou celui qui sait voir ou entendre. Le choix du moment, la manière de dire, la sensibilité à l'autre, à sa disponibilité, à son humeur, sont essentiels à un échange harmonieux et efficace, tout autant que la connaissance et la compréhension de soi et de l'autre.

L'expression des émotions est importante. Savoir manifester son amour, dire son appréciation de ce que l'autre est et fait, sont des sources importantes de satisfaction, et ce, pour les deux partenaires. Cette capacité crée un climat favorable dans le couple : l'autre réagira probablement en exprimant lui aussi ses sentiments positifs. Attention, cependant, tenter de le contraindre à communiquer de la même manière, avec le même langage et au même moment, serait une grave erreur.

C'est un peu le cas de Joëlle. Elle souhaiterait que son conjoint lui dise régulièrement qu'il l'aime et pourquoi, qu'il énumère ce qu'il apprécie en elle, ce qui fait qu'il l'a choisie parmi toutes les femmes. Elle vit de grandes frustrations parce que l'occasion s'en présente rarement. Même les cadeaux que Jonathan lui offre sont classiques, beaux, mais peu personnalisés. Ils ne sont pas accompagnés de petites cartes ou sinon d'un texte préimprimé qu'il signe, en ajoutant : « Je t'aime ». Elle, de son côté, passe beaucoup de temps à rédiger des vœux qui expriment exactement ce qu'elle ressent, à choisir un cadeau très personnel, qu'il s'agisse de l'anniversaire de Jonathan ou de celui de leur rencontre. Joëlle écrit facilement, Jonathan, non. Par contre, il est toujours volontaire pour faire la cuisine, activité qu'elle n'apprécie guère. Il lui prépare parfois avec beaucoup de soin ses petits plats préférés. À sa manière à lui, il exprime l'amour qui l'habite. Joëlle devrait s'en rendre compte, l'apprécier et y voir une réponse à son besoin d'être aimée.

Bien sûr, Joëlle peut dire qu'elle souhaiterait que son amoureux exprime davantage son affection. Mais elle ne peut lui imposer de le faire à sa manière à elle : en écrivant de longues lettres ou en choisissant exactement l'écharpe qu'elle aurait désirée. Les façons de s'exprimer appartiennent à chacun et ne s'imposent pas. Jonathan peut apprendre à révéler davantage ce qui l'habite et Joëlle, à décoder le langage amoureux de son conjoint.

Car communiquer, c'est à la fois exprimer et décoder. Pour favoriser le fait que l'autre fasse part de ses émotions, il faut aussi être prêt à les accepter. L'accueil est facile quand l'autre exprime des sentiments positifs et que ceux-ci rejoignent ce que l'on ressent soi-même. Il est plus exigeant quand le partenaire extériorise des émotions négatives qui nous concernent ou concernent la relation. Et pourtant… Les manifestations de tels sentiments, quand elles ont lieu dans un climat d'ouverture et de respect, peuvent constituer un premier pas dans la recherche de l'harmonie. La clé d'une bonne communication se trouve dans l'objectif poursuivi : s'agit-il de culpabiliser l'autre, de le dévaloriser, ou de partager, d'être compris, de formuler une demande de changement ? L'expression d'une émotion négative peut tourner au drame, bien sûr, mais elle peut aussi défaire des nœuds qui tenaient depuis trop longtemps.

Si Jonathan se sent constamment critiqué par Joëlle et inadéquat dans son mode d'expression, sa première réaction sera peut-être de se taire et de ronger son frein. Un jour, il explosera et lui criera que si elle n'est pas contente, elle peut toujours aller voir ailleurs… On imagine la suite. En procédant autrement, il pourrait aussi dire qu'il ressent des attentes auxquelles il n'arrive pas à répondre, qu'il cherche à satisfaire certaines des demandes de Joëlle, tout en restant lui-même. La conversation pourra alors évoluer vers des solutions satisfaisantes pour les deux, car il y aura eu un véritable dialogue, respectueux des deux identités.

La sexualité comme langage

La sexualité est l'une des formes les plus complexes de la communication. Car ici, et d'une façon encore plus sensible et inconsciente, chacun arrive imprégné de ses expériences passées. Certaines difficultés ou certains blocages n'auront rien à voir avec le partenaire actuel. Les différences individuelles pourront être encore plus marquées quant au mode d'expression, à l'intensité du désir, au rythme, etc. La recherche d'un terrain d'entente se révélera donc nécessaire, tout au long de la relation.

La synchronicité du désir ou du degré de rapprochement constitue un enjeu majeur dans la vie des couples. Et il n'y a pas de normes toutes faites. Les discussions sur la sexualité qui commencent par : « Il est normal que… Un homme normal ou une femme normale… » ne mènent nulle part. Il ne s'agit pas de savoir comment fonctionne la moyenne des gens, il s'agit de trouver une façon d'être en relation amoureuse qui soit satisfaisante pour le couple que l'on forme.

Pour Laurent, par exemple, sexualité et intimité sont des équivalents. C'est avec son corps qu'il exprime ses sentiments. La satisfaction que sa partenaire lui apporte, de même que celle qu'il donne, est vécue comme une preuve d'amour. Le début de sa relation avec Stéphanie se fait dans une grande intensité sexuelle. Puis Stéphanie commence à refuser occasionnellement ses avances, ce qu'il respecte. De temps en temps, cependant, il exprime son sentiment d'être rejeté — ce qui plonge Stéphanie dans la culpabilité — ou il insiste suffisamment pour créer une certaine tension dans le couple. Or, culpabilité et tension ne sont pas forcément des stimulants pour le désir. De son côté, Stéphanie se sent de moins en moins aimée : elle trouve que Laurent manifeste très peu de tendresse par des paroles ou des gestes autres que sexuels.

Chacun vit donc l'attitude de l'autre comme du rejet. L'ensemble de leur relation est plutôt satisfaisant, mais le malaise qui est en train de s'installer dans la sphère de l'intimité physique risque de se propager à d'autres domaines de leur vie commune.

La place de la sexualité varie, et ce, non seulement d'un couple à un autre, mais souvent pour les deux individus qui le constituent. Toutefois, la sensibilité des deux partenaires l'un à l'autre devrait permettre une rencontre physique autant que psychologique. Une véritable relation n'est possible que sous le signe de la liberté et du respect. Faut-il le souligner : la satisfaction des désirs sexuels n'est pas un droit. Une épouse forcée par son mari d'avoir des relations sexuelles est une femme violée.

Stéphanie ne peut jouer celle qui éprouve du désir, et Laurent n'a pas à faire abstraction du sien. Mais ils devraient chercher à diversifier les expressions de leur tendresse, de leur affection, de l'acceptation et de l'amour entre eux. L'exploration de différents plaisirs sensuels partagés leur permettra peut-être de trouver un terrain commun. Il faut cependant le reconnaître, les frustrations sexuelles font partie de la vie courante : est-il réellement possible de trouver une satisfaction totale et immédiate à tous ses désirs et fantasmes, que l'on soit en couple ou non ?

Certains adultes éprouvent des difficultés sexuelles qui se reproduisent d'une relation à une autre. Il arrive aussi qu'un couple ne parvienne pas à trouver une manière de communiquer sexuellement, bien que la relation soit de bonne qualité. Dans ces cas, une aide professionnelle, tant pour la compétence que pour l'intervention d'un tiers, se révélera sans doute nécessaire.

La sexualité peut devenir la scène sur laquelle se jouent des dynamiques de fusion, de régression, de domination, de contrôle, de recherche de preuves d'amour. Les attentes et la satisfaction devront alors être comprises pour ce qu'elles sont : des possibilités et non des exigences. Là aussi, les prises de conscience, les échanges et l'exploration de différentes avenues rendront possible la poursuite d'une relation heureuse.

La résolution de problèmes

La capacité de vivre des conflits et de les résoudre est essentielle à la durée d'un couple. Aucune relation ne peut se dérouler sans que des malentendus, des différends ou des conflits se présentent. Sauf si, craignant les conflits, l'un des partenaires se plie entièrement aux volontés et aux façons de faire de l'autre. Mais une telle attitude n'est pas favorable à la relation. Un beau jour, il y aura explosion de toutes les insatisfactions contenues, et les reproches foisonneront à propos d'événements du passé pour lesquels l'autre ne peut plus rien. Ou bien il y aura extinction du désir, tant la colère contenue se sera accumulée[26]. Réprimer le négatif entraîne la répression du positif. Il n'est pas rare que les pannes de désir s'expliquent par tout ce qui n'est pas dit, par toutes les frustrations contenues qui n'ont pas été verbalisées. À force de se taire, le corps ne peut plus s'exprimer.

Devant un problème, dans un couple comme ailleurs, on peut choisir une attitude qui vise à le résoudre ou se limiter à trouver un coupable et à nourrir le ressentiment. Cette deuxième position a l'avantage, à court terme, de ne pas susciter d'affrontements. Celui ou celle qui est en colère n'endosse rien : « Ce n'est pas moi qui cause le problème, c'est l'autre ; ce n'est pas à moi de le résoudre, c'est à lui. » Cependant, si une telle conduite soulage la culpabilité personnelle, elle ne favorise en rien le bien-être intérieur et le climat dans la relation. L'attitude qui consiste, au contraire, à demander un changement, dans une disposition d'ouverture à la discussion, est à court terme plus exigeante. Chacun devra s'impliquer, se retenir d'accuser l'autre du malaise qu'il ressent, faire le deuil de la vengeance et du sentiment de supériorité, partager la responsabilité de la situation. Ce qui est recherché, c'est l'harmonie. Si l'un se retrouve par terre, vaincu, et l'autre debout, ils ne seront toujours pas ensemble. Et même si le conjoint prend conscience qu'il a tort, cela n'implique pas nécessairement qu'il sera motivé à changer… pour plaire à quelqu'un qui vient de lui faire perdre la face, voire de le démolir.

De plus, il est probable que les transformations souhaitées ne seront pas obtenues du premier coup et que certaines situations passées ne pourront pas être réparées. Cependant, le seul fait de sentir que l'autre reconnaît la légitimité de la demande et consent à changer dans le sens de ce qui est souhaité par son ou sa partenaire permettra à ce partenaire d'accepter le reste. Car, ne l'oublions pas, le bien-être dans la relation ne vient pas du fait d'avoir raison. Il naît bien davantage du sentiment de rester en contact avec l'autre et de progresser dans la recherche d'un terrain d'entente. Résoudre un conflit est une autre manière de se rencontrer.

Ce n'est pas la présence de problèmes ou de conflits interpersonnels qui éloigne l'un de l'autre les membres d'un couple, c'est leur incapacité d'y faire face et de tendre à les résoudre. Les crises traversées deviennent la force du lien, ce sur quoi les partenaires peuvent s'appuyer pour avoir confiance qu'ils arriveront à construire et à maintenir la relation qu'ils souhaitent. On devient chaque fois plus unique l'un pour l'autre. On s'est connus davantage, souvent dans des sphères très intimes, très vulnérables. Cela unit!

La capacité de se remettre en question et de changer

La capacité de se remettre en question est probablement l'ingrédient fondamental du bonheur individuel. Il en est de même dans le couple. En effet, pour arriver à réellement résoudre des problèmes relationnels, quels qu'ils soient, il faut porter son regard sur soi comme sur le partenaire. La recherche de ce que l'autre doit changer ne suffit pas.

En général, particulièrement dans un couple, ce qui pose problème est systémique, c'est-à-dire que le comportement de l'un a un effet sur le comportement de son conjoint et ainsi sur toute la dynamique. L'amélioration de la qualité du lien exigera donc des changements de part et d'autre. Une attitude défensive dans laquelle l'un refuse de changer, de crainte de donner raison à l'autre, a généralement pour effet de faire grossir le problème. Tout changement a comme point de départ la capacité de se remettre en question.

Hélène (chapitre 1), qui s'efforce de faire comprendre à Richard qu'il est coupable de son malaise au restaurant parce qu'il est trop gentil avec la serveuse ou fasciné par les clientes qui l'entourent, devra oser regarder sa propre insécurité. Si elle consacre toutes ses énergies à le prendre en défaut et à lui faire des reproches sur le coup ou le lendemain, il est à craindre que les paroles rassurantes de Richard ne suffisent pas à calmer son angoisse. Si, au contraire, elle s'arrête un moment pour s'observer elle-même : « Qu'est-ce qui appartient à la réalité et qu'est-ce qui appartient à ma crainte de l'abandon, bien antérieure à la rencontre avec Richard ? », le ton de la discussion ne sera pas le même. Elle pourra aborder la question en reconnaissant d'abord sa propre insécurité, puis elle pourra inviter son partenaire à ne pas en rajouter, à tenir compte de sa vulnérabilité. Sa façon de faire ressemblera à celle d'une personne qui a mal à la tête et qui demande à son entourage de baisser le volume de la musique. Elle n'accuse pas ses proches de faire trop de bruit, elle demande simplement que l'on tienne compte de son état. Il ne faudrait pas cependant tomber dans l'excès contraire : la sensibilité de l'un ne devrait pas se transformer en raison d'empêcher l'autre de vivre.

Richard pourrait lui aussi se remettre en question : « Est-il possible que je fasse cela pour me prouver ou pour montrer à Hélène que je suis encore séduisant ? » Ce faisant, il s'impliquerait dans la recherche de solutions au conflit. Quand chacun fait preuve d'ouverture pour changer, l'éventail des solutions est plus large. Le problème ne repose plus sur les épaules d'un seul. Si Richard est conscient de la sensibilité d'Hélène, il pourra la prendre en considération et modifier certains de ses comportements. Si Hélène tient compte du besoin de Richard de vérifier ou de démontrer ses possibilités de séduction, elle ajustera son évaluation de la situation et son attitude envers lui. Une chose est sûre : ce n'est pas en s'accusant mutuellement qu'ils augmenteront leur sécurité personnelle, élément qui semble en jeu ici, de part et d'autre.

La seule peur de perdre l'autre ne peut modifier en profondeur une attitude ou un comportement. Il faut saisir l'avantage d'évoluer et y croire, ne serait-ce qu'un peu. Car le changement est toujours exigeant, il doit prendre appui sur une motivation intérieure. Or, les remises en question suscitées par la vie de couple touchent souvent des sphères très intimes, à des niveaux sensibles qui peuvent échapper au contrôle volontaire. Si l'autre est irrité par notre tendance à prendre une attitude de sauveur à l'égard des membres de notre famille, il faudra oser se regarder et se remettre en question, avant de conclure qu'il est jaloux. Et la résolution du « complexe de sauveur » exigera de nous plus qu'une transformation superficielle.

La capacité d'*insight*, de prise de conscience de ce qui se passe en soi, est une voie royale pour le changement. Même si l'adaptation est lente, à peine perceptible à certains moments, l'autre sera, sinon satisfait, du moins rassuré par la remise en question authentique et la reconnaissance des changements nécessaires. La bonne volonté de son partenaire le rendra plus tolérant.

Le respect des différences

Vaut-il mieux se ressembler ou se compléter dans la différence ? La question est souvent posée. Bien sûr, au sein d'un couple, il faut des valeurs communes et une compatibilité suffisante pour pouvoir se rencontrer spontanément, au quotidien comme dans les grands projets, sans avoir à faire trop d'efforts pour se comprendre. Mais des dissemblances se manifestent toujours, et ce, même dans les comportements qui découlent de valeurs communes.

L'autre est différent, et cela fait partie de l'attrait ressenti au départ. Il pense autrement, réagit autrement, fait les choses autrement, du simple fait qu'il habite un autre corps, qu'il a vécu des expériences différentes. Or, au fil des jours, ces particularités se révèlent à la fois intéressantes et sources de frustration. Chacun a sa manière d'organiser le quotidien, de faire le ménage ou la cuisine, une façon qui peut sembler la seule valable. Le fonctionnement adéquat de l'un pourra être interprété comme déficient ou même fautif par l'autre : pourquoi faut-il que la cuisine au complet soit envahie lorsqu'il prépare le repas ? Pourquoi ne met-elle pas le linge dans la sécheuse ?

Accepter ces différences et d'autres plus profondes ne veut pas simplement dire de ne pas formuler de critiques. C'est avec tout son être qu'il faut saisir et respecter l'originalité de l'autre. Si l'on est incapable d'acquérir cette souplesse, il faudra vivre seul.

Il peut arriver que certaines façons de faire portent atteinte à notre bien-être ou à nos valeurs fondamentales. Il ne s'agit pas de tout accepter chez l'autre, mais de distinguer entre ce qui appartient au désir arbitraire de le rendre semblable à soi et ce qui peut nous nuire ou nuire gravement à la relation. Si le conjoint conduit la voiture d'une façon qui lui est propre, mais qui met notre vie en danger ou nous fait vivre des peurs inutiles, ce comportement mérite d'être remis en question. S'il fait le ménage en commençant par le sous-sol plutôt que par l'étage, c'est une autre affaire.

Il en est de même pour le respect des humeurs. Chacun a droit à ses états d'âme, et les climats intérieurs des partenaires ne concordent pas nécessairement, ni dans le temps ni dans les facteurs déclencheurs. On peut toutefois exiger d'être respecté dans leurs manifestations : je ne peux pas demander qu'il se lève chaque matin avec le sourire, mais je peux m'attendre à ce qu'il ne claque pas les portes. Un commentaire du genre : « Je suis de bonne humeur, moi, le matin, pourquoi ne l'es-tu pas ? » ne changera pas grand-chose. Il vaudrait mieux, à un moment où chacun se trouve de bonne humeur, aborder la question du matin et se demander comment se comporter l'un par rapport à l'autre afin que chacun se sente respecté dans ses états d'âme.

Des différences peuvent se manifester également dans les valeurs et les attitudes parentales; cette question mériterait à elle seule tout un chapitre. Nous nous limiterons à dire ici que là aussi, il faut mesurer l'impact des dissemblances. Dans l'intérêt de l'enfant, il est préférable de s'entendre sur les principes fondamentaux et sur leur application. Mais au quotidien, il n'est pas nécessairement nuisible pour l'enfant de constater que ses deux parents n'ont pas toujours le même point de vue. Idéalement, ce sont deux personnes avec leur originalité propre qui s'entendent sur ce qui est important pour lui. Encore faut-il ne pas le mettre dans une situation où il serait forcé de choisir entre son père et sa mère, et ne pas le paralyser par l'envoi de messages contradictoires. Les adultes peuvent constater leurs divergences dans leurs principes d'éducation et résoudre le problème, comme dans d'autres sphères de leur vie commune, en déterminant les points de convergence. L'enfant, selon son âge, saura que ses parents ne sont pas forcément du même avis sur tout, mais qu'ils s'entendent sur telle consigne précise. Il lui serait cependant pénible et nuisible de voir l'un des deux invalider l'autre en le dénigrant.

On peut regretter que le conjoint ne corresponde pas au modèle de père ou de mère que l'on aurait souhaité, mais il reste le seul père ou la seule mère de cet enfant. Et celui-ci a besoin de le respecter, de la respecter et de l'aimer. Il en va de son identité et de son estime de lui-même.

La vie commune nous interpelle sur des valeurs très profondes qui se manifestent dans des petits gestes en apparence superficiels. Le respect, la générosité, l'honnêteté, l'authenticité ne sont pas que des concepts, ce sont des attitudes qui se concrétisent dans la manière d'être au quotidien. Mais ces qualités peuvent s'exprimer de toutes sortes de façons différentes. La générosité de l'un et de l'autre ne se traduira pas dans les mêmes actes. On ne peut reprocher à l'autre son manque de sensibilité parce qu'il ne fait pas preuve envers nous des mêmes attentions que celles que nous avons à son égard. Il en va de même pour la vision du monde : le couple s'entendra peut-être pour lutter contre la tendance à la surconsommation et en même temps se payer un objet, qui apparaîtra à l'un comme une réponse à un désir important et à l'autre, comme un luxe exagéré. Ce n'est ni bien ni mal, c'est différent.

Certains auteurs considèrent qu'il est possible de prédire le succès d'un couple simplement en l'observant pendant quelques minutes[27]. À partir de quel critère ? Celui du respect manifesté par les partenaires l'un envers l'autre. Ce respect peut fluctuer selon les circonstances, mais la valeur de l'autre comme personne doit être reconnue, ressentie, tout au long de leur histoire commune. Le respect n'est pas qu'une attitude ou une manière de se comporter envers l'autre, c'est un sentiment que l'autre nous inspire. Il provient de la valeur qu'on lui reconnaît, au-delà des satisfactions et des frustrations vécues dans la relation. Cette reconnaissance teintera toutes les attitudes, et ce, même lorsqu'on est en colère ou dans une situation de conflit. Elle entraînera la capacité de tolérer les faiblesses, les manies et les défauts de l'autre sans le ridiculiser, de le critiquer sans le mépriser, de demander des changements plutôt que de blâmer.

La curiosité

Aimer l'autre veut aussi dire s'intéresser à ce qu'il vit. Rentrer à la maison pour le retrouver à la fin de la journée, savoir ce qui lui arrive, échanger à partir de nos soucis et de nos rêves, voilà le principal intérêt de la vie ensemble. Dans une relation, le partenaire n'a jamais fini de se dévoiler, cela va de soi. En effet, il continue de faire de nouvelles expériences, de réagir aux événements, de s'adapter aux différentes étapes de la vie, la sienne, celle du couple ou de la famille. Lorsque cette découverte nous intéresse, l'intimité partagée devient stimulante. Le quotidien n'est pas que routine, il se transforme en occasion d'ouverture et d'enrichissement : notre propre vie prend de la valeur parce que nous avons accès à l'univers de l'autre, qui compte pour nous.

Si cet intérêt est absent, si chacun reste tellement dans sa propre bulle que l'autre n'est plus qu'une autre bulle, le vide s'installe forcément.

La sympathie

Savoir se mettre à la place de l'autre est l'une des conditions du succès des relations interpersonnelles en général et de la relation amoureuse en particulier. On peut le faire pour comprendre ce que l'autre vit : c'est de l'empathie. On peut être affecté par le bien-être ou le mal-être de l'autre : c'est de la sympathie. Pour qu'un couple soit viable, il faut non seulement comprendre l'autre, mais être sensible à son bonheur, être heureux de ses succès et peiné de ses défaites, participer dans la mesure du possible à son bien-être.

Cette attitude peut-elle être poussée trop loin ? Oui, lorsque seul compte le bonheur de l'autre, que l'on passe son temps à le surveiller, à se mettre à son service… Alors, on n'est plus en train de souhaiter qu'il ait une belle vie, mais de substituer sa vie à la sienne.

Généralement, c'est dans les petites choses du quotidien que se manifeste l'attitude que l'on désigne par le terme anglais *caring* : rapporter la sorte de pain qu'elle aime, lui tendre les clés qu'il était en train d'oublier, lui proposer de prendre le volant au retour pour qu'il puisse faire la fête… Quand on sent que l'on a du plaisir à faire plaisir à l'autre, on a moins tendance à calculer pour être certain que l'échange est équitable. Bien sûr, le mouvement ne doit pas être à sens unique. Il faut toutefois accepter, là aussi, que l'autre soit différent et que ce qu'il fait pour nous, sa façon de nous faire plaisir et de contribuer à notre bien-être, ne se manifeste pas dans des gestes identiques aux nôtres.

La pire des choses est certainement de chercher à vérifier si l'autre nous aime en mesurant s'il est avec nous comme nous sommes avec lui : « Je le fais pour toi, pourquoi ne le fais-tu pas pour moi ? » C'est une question fréquente et pourtant fausse et stérile. Avons-nous réellement envie de vivre avec un miroir ? d'être la compagne ou le compagnon de quelqu'un qui se dit : « Je vais le faire parce qu'elle le fait », quel que soit ce qu'il ressent, ce dont il a envie et ce qui convient à son horaire, à son budget, à son style ? La belle expression « y mettre du sien » dit bien cela : donner ce qui nous ressemble. La réciprocité est importante. Elle est le résultat spontané de la sympathie de chacun envers l'autre, bien plus que d'un calcul ou, pire encore, d'une imitation.

Chacun a du pouvoir sur l'atmosphère qui règne dans le couple. Les marques de sympathie, d'attention, ont la plupart du temps un effet contagieux. Elles contribuent au fait d'être bien ensemble qui renforce le désir de durer.

La fidélité

La fidélité est un enjeu majeur dans le couple. La très grande majorité des tentatives pour en nier l'importance ont échoué : l'amour libre a fait son temps. Les personnes engagées dans des relations sérieuses se sont rendu compte assez vite que ce qui était liberté pour l'un représentait parfois de fortes contraintes pour l'autre. Ou bien cette indépendance n'était pas souhaitée de la même manière par les partenaires, aux différents moments de la relation. Le fait d'adhérer à une philosophie n'implique pas que les sentiments se mettent au diapason : on peut vouloir laisser l'autre libre et souffrir de ses entreprises de séduction d'une autre personne. Dans l'entente de fidélité, implicite ou explicite, dont les membres du couple conviennent ensemble, il importe de tenir compte, non seulement des idées, mais des sensibilités.

L'engagement est une composante importante de la relation de couple. Elle est la plus volontaire. Chacun décide de s'engager, mais cela n'est pas résolu une fois pour toutes. Au début d'une relation, quand la flamme amoureuse est à son maximum, il est parfois difficile d'imaginer que l'on pourrait être attiré par quelqu'un d'autre. Et pourtant…

Être fidèle, c'est être fidèle à sa parole. Il faudra donc définir ensemble ce à quoi on s'engage. Les attentes méritent non seulement d'être exprimées et discutées, mais elles peuvent être remises en question si elles ne sont pas réalistes : croire que le conjoint ne sera jamais attiré par quelqu'un d'autre n'est pas du même ordre que lui demander de ne pas avoir de relations sexuelles à l'extérieur du couple. Et si cela arrive, quelle attitude adopter : tout dire ? tout cacher ? Il n'y a pas de règle universelle. L'important est de revenir à ce que nous nous sommes promis.

Conserver une certaine distance

On a vu à quel point chaque personne a besoin de conserver sa propre identité pour pouvoir vivre harmonieusement l'intimité avec l'autre (chapitres 2 et 4). Chacun a donc parfois besoin de temps pour lui : pour réfléchir, pour ressentir ce qui se passe à l'intérieur de lui-même, tout autant que pour agir. L'horaire du couple ou de la famille peut favoriser ou non le respect d'un temps à soi. La tendance à vouloir tout faire ensemble ou à vouloir tout savoir de ce que l'autre fait et même pense — « À quoi penses-tu ? » —, la difficulté d'être seul vécue par l'un des partenaires ou la dépendance excessive pourront faire que le territoire commun envahisse le territoire individuel. Or, autant il est essentiel de créer un territoire commun, autant il est nécessaire de ne pas lui donner toute la place. Le risque d'étouffement de l'un des partenaires serait trop grand, car l'irritabilité et même l'exaspération viendront se substituer à la complicité. Il faut une certaine distance pour se jeter un coup d'œil complice.

Jouir de son propre espace est tout aussi important. Il faut pouvoir se retrouver dans un lieu à soi, si petit soit-il, si symbolique soit-il. Un endroit où l'on peut se retirer pour mettre de l'ordre dans ses pensées et ses émotions, pour pleurer au besoin, pour réfléchir. Une place où trouver ses choses rangées à sa façon, où garder ses secrets ou, du moins, ce que l'on n'est pas prêt à partager. L'absence de limites de territoire, même avec une personne que l'on aime énormément, peut être vécue comme une intrusion. Il ne s'agit pas exclusivement d'un espace à l'intérieur de la résidence : aller seul prendre un café, faire une promenade, sans dire pourquoi, sans que l'autre se sente abandonné ou rejeté, est aussi une manière de se créer un territoire.

Conserver une certaine distance par rapport à l'autre est nécessaire. Si celle-ci ne s'établit pas dans le temps et dans l'espace, elle s'établira dans l'humeur. Celui ou celle qui se sent étouffé créera une distance affective là où une distance physique n'aura pas été trouvée. En effet, on peut facilement se mettre à l'écart, tout en restant à quelques pas de l'autre : le critiquer, soupirer, sentir et faire sentir sa froideur, refuser toute tentative de gentillesse ou de rapprochement... Se mettre en colère, c'est aussi mettre l'autre à distance, que cette colère soit exprimée ou non.

Quelques conditions favorables

Les projets

Le sentiment amoureux ne peut maintenir à lui seul la relation. Celle-ci, pour durer, doit se matérialiser, donner lieu à des expériences communes, des choix, des activités, des projets.

Avoir un projet commun est nécessaire, quelle qu'en soit la nature. On sait à quel point les plans, les entreprises, les visées à court ou à long terme sont importants pour le bonheur des individus. Ils le sont tout autant pour la durée du couple.

On se souvient de Bruno et Daniel, qui ont rénové une maison (chapitre 3). Ce projet leur a apporté bien plus qu'une habitation conforme à leurs désirs : le partage d'expériences, la multiplication des décisions à prendre à deux, la fréquentation des amis de l'un et de l'autre mis à contribution, tout cela a créé des liens qui se révéleront essentiels au maintien de la relation, quand la passion diminuera. Dans tous les couples, les implications financières des projets, les goûts différents, les conséquences de certains choix sur la vie quotidienne, entre autres, suscitent des discussions importantes. La capacité de trouver des solutions constitue une expérience constructive.

On comprend que pour bâtir des plans ensemble, il faut plus que des intérêts communs. Il faut s'entendre sur des objectifs et la manière d'y arriver, mettre à contribution ce que l'on a comme talents, comme moyens, comme dispositions, mais aussi ce qui nous différencie et nous rend complémentaires. Plus on mènera de projets à deux, si petits soient-ils, plus on aura une image positive l'un de l'autre et plus on aura confiance dans le couple que l'on forme.

Procéder par étapes dans le choix des réalisations est important : emménager ensemble est un grand projet ; ses chances de succès seront meilleures s'il a été précédé de mises en commun moins exigeantes. Trop souvent, la logique économique pousse les couples à brûler les étapes, et la relation s'envole en fumée. Il faut donc prendre le temps de se connaître mutuellement, et ce, non seulement à l'occasion d'échanges verbaux, mais aussi dans l'action. Faire des choses ensemble est l'une des meilleures façons de nous connaître, d'identifier nos ressemblances, de trouver les ajustements nécessaires et même de créer à partir de nos différences.

Le réseau social

L'univers social est important, et on sait à quel point l'isolement peut être destructeur pour l'individu. Il en va de même pour le couple. La capacité d'être bien ensemble parmi d'autres, que ce soit la parenté ou les amis, oblige à relever certains défis.

Oui, la famille de l'autre fonctionne différemment de la nôtre. Elle a ses particularités, ses exigences, ses déficiences même. Elle a attribué des rôles à l'un ou à l'autre, elle a sa façon de traiter notre partenaire et de traiter les conjoints de ses membres. Il est facile de trouver à redire sur sa belle-famille. On peut aussi être fort critique envers la sienne. Mais dans tous les cas, une rupture effective avec sa famille ou avec celle du partenaire est difficile à supporter. Il y a des portes que l'on ne ferme pas sans être constamment dérangé par ce qui se passe derrière.

Personne ne peut rester insensible aux commentaires désagréables concernant sa propre famille de la part d'un conjoint. Ils créent du malaise et engendrent des conflits importants dans le couple. Le défi consiste à trouver des moyens de garder le contact, tout en se respectant. On peut discuter des moyens d'organiser les rencontres de façon à ce qu'elles conviennent mieux au degré de rapprochement toléré et faire des choix en conséquence quant aux activités partagées, au lieu et à la durée. On peut décider d'espacer les visites, y aller parfois en couple, parfois seul, mais l'essentiel est de garder un lien. Car le lien que l'on a avec la famille du partenaire a un impact sur notre relation avec lui. Sa famille, quel que soit l'état de ses relations avec elle, fait trop partie de lui pour que notre attitude le laisse indifférent.

Il en va de même pour les amis. Ceux que nous avions quand nous étions célibataires ou ceux que nous avons depuis l'enfance existent parce qu'ils nous rejoignent dans une partie de nous-même qui se manifeste peut-être moins dans notre relation de couple : notre amour de tel sport, les expériences qui nous ont marqués, les voyages ou les événements vécus ensemble peuvent laisser notre conjoint indifférent. Il est possible qu'il ne se trouve pas de points communs avec eux. Pourtant, le respect de ces relations fait partie du respect de la personne que nous sommes et avons été. Tous les amis ne deviendront pas des amis du couple, mais celui-ci aura avantage à ce que chacun conserve ses liens passés et sente que l'autre les respecte.

Le couple aura aussi tout intérêt à côtoyer d'autres couples, même s'il n'est pas si facile de créer des liens à quatre ou à six. De telles amitiés ont rarement l'intensité des liens personnels : les rencontres sont généralement moins intimes et moins centrées sur les confidences. Ces amitiés sont toutefois précieuses pour partager bonheurs et exigences de la vie de couple ou de la vie de famille. Elles permettent souvent de trouver ailleurs des modèles de communication, de prise de décision, de résolution de problèmes. Nos amis de couple comprennent généralement davantage notre désir de durer, malgré les difficultés rencontrées, que nos amis célibataires.

Qu'ils soient familiaux ou amicaux, les liens créés par le couple constituent un réseau de soutien. Ils représentent une force, non seulement dans les difficultés ponctuelles, mais dans le projet de construire une union durable.

Les carrières

Quel bonheur pour l'homme et la femme de pouvoir aspirer à une carrière ! Mais quel défi pour le couple ! La gestion du temps, le partage des responsabilités parentales, domestiques et financières, le choix du domicile, les vacances et les plans d'avenir, exigent de concilier un nombre exponentiel de facteurs. Bien sûr, il faudra faire des accommodations. Mais à partir de quand un compromis devient-il un renoncement qui se transformera en grief envers l'autre ?

Le processus de décision est complexe, car il fait appel à des valeurs qu'il n'est pas toujours possible de peser et de comparer. Il faut donc tenir compte de cette complexité, se donner le temps et l'espace de réflexion et de discussion nécessaires, définir l'ensemble des objectifs poursuivis, émotifs comme rationnels, et donc ne pas faire un calcul strictement impartial.

Il faudra ressentir ce qui est fondamental pour soi et, là-dessus, ne pas faire de concessions. Il ne sert à rien de « faire un sacrifice » qui, au moindre conflit, déclenchera tant de colère envers l'autre qu'il finira par détruire le couple qu'il visait à sauvegarder. Pour cela, il est important de tenter de visualiser l'effet à moyen et à long terme de telle décision, sur soi et sur toutes les relations auxquelles on tient.

Qu'on le veuille ou non, notre société est hiérarchisée, et les valeurs qui ont trait à la réussite professionnelle sont déterminantes pour situer une personne dans cette hiérarchie. Il devient donc difficile de ne pas être affecté au plus profond de soi-même par le désir d'être valorisé socialement et de monter dans l'échelle sociale. Ce désir peut pousser l'un ou l'autre des membres du couple à donner la priorité à sa carrière, pendant un moment, même lorsqu'ils s'aiment et veulent respecter leurs engagements. Dans un tel contexte, les liens affectifs peuvent se rompre tranquillement, pendant que l'on a la tête ailleurs. À la limite, les attentes et les demandes de ceux que l'on aime peuvent être perçues comme des empêchements à la réussite professionnelle et sociale. Or, cette réussite est recherchée la plupart du temps aussi bien pour la famille que pour soi : on veut améliorer le statut et le bien-être matériel des siens, souvent malgré eux. Mais chez les proches qui se sentent abandonnés, l'affection fait place progressivement au ressentiment et aux reproches. En conséquence, celui qui est engagé dans ce processus finit par se trouver mieux au travail qu'à la maison. Au moins là, il a le sentiment d'être apprécié pour ce qu'il fait.

S'il est vrai que la carrière de chacun fait d'abord partie du territoire individuel, elle a suffisamment d'impact sur le territoire commun pour que le couple et la famille participent aux choix fondamentaux qui se répercuteront sur leur vie. Est-il possible de reprocher aux autres leur incompréhension, s'ils ont été laissés en dehors de toute décision concernant leur « bien-être » ? De même, la famille ne peut souhaiter une amélioration de son niveau de vie et en même temps ignorer les conséquences d'une augmentation du nombre d'heures de travail ou d'une plus grande responsabilité dans une entreprise.

Guy, un avocat de grande réputation, a réussi à mener une carrière des plus florissantes tout en mangeant chaque soir avec sa famille, à condition que l'heure du repas soit adaptée en conséquence. Il rencontrait ses clients au petit-déjeuner ou au lunch plutôt que dans les cocktails et les soirées. Est-ce l'amour qui a dominé ce choix ou ce choix qui a maintenu l'amour ? Quoi qu'il en soit, pour durer dans cette décision, il a fallu à cet homme une volonté ferme d'être heureux dans sa vie personnelle autant que dans sa vie professionnelle. Danièle, sa femme, l'avait gentiment prévenu : elle ne se contenterait pas de remerciements pour sa patience, dans son discours de départ à la retraite !

L'argent

L'argent est souvent un sujet tabou au début d'une relation : qui oserait comparer les revenus, dès les premières rencontres ? Pas ouvertement, en tout cas. Pourtant, les questions d'argent habitent les discussions de couple et sont une source majeure de conflits.

Il est facile de comprendre pourquoi : l'argent est facilitateur d'autonomie, de moyens, de solutions à des problèmes concrets. Son manque est source de frustrations, de stress, de jugements sur les choix passés et actuels, et peut entraîner l'insuffisance d'éléments essentiels à la vie quotidienne. Les projets de couple, que ce soit des vacances, l'achat d'une maison ou la décision d'avoir un enfant, ont tous des répercussions financières. La façon de gérer les revenus personnels aura donc une implication sur le budget de la famille et les projets communs.

Nous sommes les premières générations de couples dans lesquels les rôles ne sont pas distribués à l'avance. Il y a donc peu de modèles et ceux que nous avons en tête, acquis en observant nos parents ou les générations qui nous ont précédés, peuvent nous faire plus de tort que de bien. En effet, celui qui a vu son père prendre toutes les décisions financières pourra trouver difficile de communiquer et de partager les responsabilités à ce sujet. Celle qui a vu sa mère ne pas s'en occuper pourra être tentée de s'en remettre à l'autre… quitte à lui reprocher sa gestion ensuite.

Le seul fait que les deux partenaires aient un revenu, de même que les différences de salaire ont un impact. Comment faire en sorte que les deux soient à l'aise dans l'achat d'une maison lorsque l'un gagne le double de l'autre ? Pour en parler, il faudra certainement faire sauter les tabous, tout en tenant compte de la charge affective du sujet. L'argent est plus qu'une réalité matérielle : il est associé à la dignité, à la honte, à l'honneur, au sens des responsabilités, voire à la virilité. Le risque de s'en servir pour humilier l'autre, le contrôler, le réduire à l'impuissance, le disqualifier, est bien réel. Tout comme celui de l'exploiter ou d'en devenir dépendant. L'argent est à la fois une réalité incontournable et un symbole souvent difficile à déchiffrer. Il est aussi faux de prétendre qu'il n'a pas d'importance qu'il est vrai qu'il ne peut acheter le bonheur. On peut se retrouver seul, de peur d'être aimé pour son argent. On peut éviter toute intimité, de peur de quelque mise en commun ou d'être découvert (dans sa richesse, sa pauvreté, son désordre ou son obsession). On peut faire fuir les autres par une tendance à la dépendance. Quoi que certains en disent, l'argent n'est pas une valeur négligeable, dans le couple comme dans l'ensemble de la vie en société.

Dans l'établissement et la poursuite de la relation, une entente doit être trouvée quant à la façon de gérer ses ressources, et il est très rare que cela se fasse spontanément, sans discussion. Ici comme ailleurs, l'amour ne suffit pas. Il va de soi que les habiletés de résolution de problèmes, une bonne sensibilité à l'autre, la connaissance de soi et de l'autre, l'établissement des priorités de chacun et du couple, l'implication dans un projet commun, une communication franche et constructive, permettront d'arriver au nécessaire sentiment d'équité qui, lui, n'est pas strictement comptable.

***

On peut conclure que toutes sortes d'attitudes ou d'actions peuvent être mises en place pour qu'une relation dure : nous ne sommes pas impuissants vis-à-vis de nos relations. Et, bien sûr, les deux partenaires doivent avoir une certaine volonté d'inscrire leur projet de couple dans la durée.

Faut-il attendre une même implication, une même volonté de changement des deux côtés ? Ce serait illusoire. En réalité, comme la relation est une dynamique, il suffit que l'un des deux entreprenne un changement pour que le climat se modifie. De toute façon, chacun contribue par ce qu'il est à influencer le lien, négativement ou positivement.

Il arrive cependant que le couple se retrouve dans une impasse : la seule solution envisageable devient la rupture. Cette étape est toujours pénible, de la décision à la mise en application. Mais si elle a été précédée par toutes sortes de tentatives de trouver des solutions autres aux problèmes rencontrés, le sentiment d'avoir fait tout son possible diminuera le doute, l'ambivalence, la culpabilité et les regrets des partenaires.

La rupture n'est pas le remède à tous les maux. Elle comporte des enjeux qui ne sont pas toujours perceptibles d'emblée. Là comme ailleurs, chacune des personnes impliquées a intérêt à voir et à comprendre ce qui se passe. Sinon, la souffrance en soi et autour de soi, à laquelle on voulait mettre fin, peut s'en trouver augmentée plutôt que diminuée. À tout le moins, la rupture ne donnera pas tous les fruits attendus et ne deviendra pas l'expérience constructive qu'elle pourrait être. C'est pourquoi il nous a semblé important de nous arrêter sur ce sujet, même si la rupture n'est pas l'issue souhaitée et souhaitable de la relation amoureuse.

CHAPITRE 6
La rupture

L'étape de la rupture, bien que rarement racontée, fait souvent partie intégrante des histoires d'amour. Les statistiques révèlent qu'au Québec le taux de divorce est d'environ un mariage sur deux, et le taux de séparation des couples non mariés cohabitant est de deux sur trois[28]. Si l'on tient compte des unions qui se forment sans qu'il y ait cohabitation, absentes des statistiques, il y a fort à parier que la très grande majorité des adultes d'ici vivent ou vivront au moins une rupture dans leur vie.

Dans cette étape, comme dans celles qui l'ont précédée, beaucoup d'éléments jouent à notre insu. Nous avons déjà abordé, dans les chapitres précédents, les facteurs plus ou moins conscients, plus ou moins volontaires qui influencent la création et la poursuite de la relation. Ces mêmes facteurs joueront un rôle dans la rupture.

IL Y A SÉPARATION ET SÉPARATION

Pour parler de cette étape, nous utilisons ici le mot « rupture », bien que le terme « séparation » soit le plus couramment utilisé. Nous avons choisi de réserver le terme « séparation » pour décrire le processus psychologique à travers lequel un enfant se sépare de sa mère pour devenir une personne autonome. Ce processus se remet en route par la suite, dans toutes les relations, quand les partenaires doivent trouver une distance satisfaisante. Il a comme effet de permettre à deux adultes de former un couple, en restant des individus à part entière, sans se perdre dans la fusion ni se rejeter systématiquement.

La rupture amoureuse est une forme de séparation. Ceux et celles qui n'auront pas réussi à trouver la bonne distance avec leur partenaire pourront y rechercher la bouffée d'air frais qu'un sain espacement, à l'intérieur de la relation, aurait pu leur procurer. Une enquête menée en 2006 chez les psychologues du Québec qui travaillent auprès des couples et des familles a démontré que ce problème était à l'origine de l'une des principales plaintes des couples : le conjoint est trop envahissant ou trop distant, selon les cas[29]. Si les deux sont incapables de négociations sur ce terrain, l'un des partenaires pourra se réfugier dans le seul geste qui puisse être accompli de manière unilatérale : la rupture.

Celle-ci vient imposer une distance physique entre les membres d'un couple. En effet, la cohabitation ne dit rien du degré de séparation ou de fusion psychologique des partenaires ; la rupture, elle, est visible à l'œil nu. Elle possède des caractéristiques physiques, matérielles et sociales bien précises. Mais les mécanismes en jeu dans cette étape, eux, ne sont pas toujours clairs : qu'est-ce qui est craint chez celui ou celle qui reste à tout prix ? Qu'est-ce qui est recherché chez celui ou celle qui multiplie les ruptures ? Sommes-nous toujours objectifs et rationnels, dans la décision de rompre ? Le faisons-nous pour le meilleur... ou pour le pire ?

La séparation comme fondement de la personnalité

Avant de considérer la rupture dans ses aspects principaux, arrêtons-nous sur la « séparation » comme processus fondateur de la personnalité humaine. Tout enfant doit vivre une mise à distance physique puis psychologique de sa mère, avec laquelle il était en réelle symbiose. Margaret Mahler parle de « séparation-individuation » pour désigner ce mouvement par lequel un enfant devient progressivement distinct de sa mère, pour acquérir sa propre individualité[30].

Même si cette distanciation a eu lieu très tôt dans notre vie, nous en avons tous été marqués profondément. Or, si la relation amoureuse nous fait revivre la fusion première, elle entraîne aussi sa nécessaire contrepartie : la séparation de l'autre. Elle a donc le pouvoir de ranimer des désirs, des peurs, voire des traumatismes provoqués par la toute première différenciation, qui elle-même peut être plus ou moins réussie. Comme tout processus de développement, il est rare en effet que les étapes vécues dans l'enfance le soient d'une façon définitive. Heureusement, d'ailleurs. Chaque relation pourra être une occasion de poursuivre notre développement, à condition de ne pas tourner aveuglément dans le même cycle.

Le sentiment de ne faire qu'un, présent normalement au début de la relation amoureuse, a un effet euphorisant, et pour cause : il soulage pour un temps toute angoisse de séparation. Il fait disparaître temporairement le vide de la solitude existentielle : on a enfin trouvé l'âme sœur ! Si cette satisfaction est recherchée pour elle-même, elle ne pourra évidemment pas donner lieu à une relation. Car tout projet de couple exige que chacun redéfinisse son individualité, en tenant compte de la mise en commun, dans une suite de négociations plus ou moins ouvertes. Comme l'enfant près de sa mère regarde ailleurs, va jouer, se fait des amis, revient vers elle et repart en exploration, l'amoureux comblé doit retrouver ses intérêts, ses relations et revenir à son couple pour y poursuivre sa relation. C'est ainsi que l'enfant construit son individualité et que l'adulte la conserve et la développe. Cet aller-retour, ce mouvement par lequel on prend de la distance, sans rompre, est une condition essentielle à la survie de l'union. Chacun de son côté respire un autre air et progressivement, la relation fusionnelle des débuts se transforme en cadre de vie pour deux personnes à part entière. L'incapacité de se distancier en douceur, de transformer la relation, peut devenir cause de rupture. La fusion, l'empiètement systématique sur le territoire de l'autre, le peu de vie individuelle, créent nécessairement un malaise. Les conjoints en viennent à penser que la seule façon de s'extraire de cette coquille étouffante est de la faire éclater. Les mises à distance brusques, sous forme de rejets ou de conflits répétitifs, peuvent être d'autres manifestations d'une difficulté à négocier une séparation adéquate à l'intérieur de la relation.

La séparation mère-enfant se fait graduellement. Certes, l'enfant ressent de la tristesse, de l'angoisse même parfois, mais ces émotions sont tolérables dans la mesure où la mère se montre suffisamment disponible et réceptive aux manifestations des besoins de l'enfant. Les expériences de satisfaction qu'il en tirera lui permettront de construire une image d'elle qui sera relativement positive et qu'il pourra porter en lui, même en son absence. Cette représentation tient lieu de présence dans l'absence ; elle est le contraire du vide.

Il est facile de comprendre l'importance d'une telle acquisition pour la poursuite d'une relation amoureuse. La capacité de vivre sans avoir l'autre à portée de main, acquise dans l'enfance, de se nourrir soi-même de sa propre vie intérieure, permet une plus grande liberté. Y compris dans le choix de la ou du partenaire amoureux : celui-ci n'est pas recherché uniquement dans le but de fusionner, mais pour tout ce qu'il peut apporter pour enrichir la vie. Les frustrations qui découlent de son absence, ou même de sa fermeture, ou de sa mauvaise humeur temporaire, peuvent être tolérées sans panique. La rupture elle-même peut être envisagée, parce que la vie continuera d'avoir du sens pour soi-même. À l'inverse, quand la personne n'est pas suffisamment habitée par des souvenirs positifs et réconfortants, le sentiment de vide intérieur en l'absence d'un partenaire amoureux devient rapidement intolérable. Il en résulte un manque de liberté qui se répercute sur toutes les étapes de la relation.

Se séparer ou étouffer

« J'étouffais », disent souvent ceux et celles qui ont décidé de rompre. Encore faudrait-il voir ce qui a provoqué cette sensation. Nous pouvons « étouffer » parce que l'autre manque de sécurité, s'accroche pour la trouver en nous, devient envahissant et dépendant. Ce type d'amoureux nous empêche effectivement de respirer. Dans ce cas, les efforts pour créer une saine distance à l'intérieur du couple ont pu échouer, et partir peut nous sembler la seule façon de récupérer notre propre vie.

Malgré tout, il y a lieu de nous demander ce qui nous a attiré vers une telle personne. Était-elle si peu confiante, si dépendante, au départ ? Y avait-il pour nous quelque chose de rassurant dans cette attitude ? Ne nous donnait-elle pas le sentiment d'être puissant et apprécié, la certitude de ne jamais être abandonné ? Se pourrait-il que nous ayons à la fois besoin et peur de cette sorte de rapprochement ? Comment se sont passées nos autres relations sur cet aspect précis de la distance à conserver entre partenaires ? Avons-nous vécu cette même sensation d'étouffement ?

Se séparer ou être rejeté

L'autre réflexion qui jaillit le plus souvent pour expliquer une rupture est : « Je n'en pouvais plus de me sentir repoussé(e). » Il est vrai qu'une relation dans laquelle on se sent constamment mis à distance, voire rejeté, quelle qu'en soit la manière, peut avoir un effet dévastateur. La rupture peut alors sembler le seul moyen de maintenir sinon de retrouver une santé mentale. Mais il y a tout de même lieu de se poser des questions. Y a-t-il eu des changements brusques dans notre degré de rapprochement : étions-nous d'abord trop proche, puis trop loin ? Qu'attendions-nous de l'autre, au départ : qu'il calme nos angoisses ? qu'il comble nos vides ? qu'il puisse prouver son amour à tout instant ? Avons-nous vécu quelque chose de semblable auparavant ?

Nos attentes à l'égard de notre partenaire peuvent relever de manques bien antérieurs à sa présence dans notre vie. Le fait de nous être déjà senti aimé permet de nous savoir aimable, indépendamment de la présence immédiate de l'autre. Le sentiment de notre propre valeur persiste, même dans les moments où l'autre se révèle incapable de nous témoigner un amour total et parfait. Nous pouvons vivre des relations, sans nous retrouver pris dans le cycle fusion-rupture. Si, à l'inverse, nous avons plutôt souffert du manque d'amour, ce manque laisse un doute sur notre propre valeur. Dans le pire des cas, la douleur de revivre la mise à distance ou le rejet devient intolérable. Nous aurons tendance à fuir cette souffrance, même si le prix à payer est très élevé.

Les premières semaines de l'histoire d'amour entre Blandine et Willy ont été torrides. Les amis n'existaient plus, et tous deux avaient de la peine à trouver l'énergie et l'intérêt pour aller travailler. Le temps passé ensemble était toujours trop court. Puis, cédant aux reproches de ses copains, Blandine a recommencé à les voir de temps en temps. Willy s'est plaint de la distance qu'elle prenait. Déjà, dans des relations antérieures, il avait eu l'impression d'être délaissé et il redoutait le détachement de Blandine. Celle-ci, qui rêvait depuis longtemps d'une relation stable, se sentait à la fois inquiète devant les exigences de Willy et rassurée par sa disponibilité. Petit à petit, elle a espacé ses rencontres amicales pour n'en garder que quelques-unes à l'heure du lunch. De plus, Willy s'est mis à lui reprocher de trop travailler. Elle est devenue mal à l'aise de rapporter des dossiers à la maison et elle a profité de ses moments de sommeil à lui pour combler son manque de temps. Puis les enfants sont nés. Willy les adorait, mais il reprochait parfois à Blandine de trop s'en occuper et de le délaisser. Paradoxalement, lorsqu'elle se permettait une sortie, il lui rappelait à quel point les petits avaient besoin d'elle. Quand ils ont été grands, Blandine a pris conscience que, sans s'en rendre compte, elle avait mis de côté à peu près tout ce qui n'était pas directement relié à sa famille et en particulier à Willy. Elle a commencé à se sentir exaspérée par Willy et à percevoir ses différentes tentatives d'approche comme un effort d'appropriation. Elle voyait partout ce qu'elle avait refusé de voir au fil du temps. Elle a décidé que si Willy n'arrivait pas à changer, elle le quitterait. Elle voulait retrouver une vie à elle : amis, projets, activités sociales.

Dans son processus de décision, Blandine devra clarifier ses attentes et ses demandes de changement à l'égard de Willy : a-t-elle réellement envie qu'il fasse ces changements ? Pourrait-elle en être satisfaite et désirer poursuivre la relation ? Elle devra aussi se poser des questions sur les besoins, en elle, qu'une telle attitude de Willy a d'abord satisfaits. Elle devra s'interroger sur ce qui a fait qu'elle a d'abord « obéi » aux attentes de Willy plutôt que de négocier. Elle devra se demander si elle pourrait vivre seule et ce qu'elle ressent à la perspective d'une relation avec un homme qui aurait moins besoin d'elle et qu'elle devrait reconquérir régulièrement. Certes, l'absence de liberté finit par peser lourd, mais une vie de couple avec Willy comporte aussi certains avantages moins évidents, par exemple : le sentiment valorisant, bien qu'épuisant, d'être indispensable, le plaisir d'avoir le contrôle de la situation, l'assurance contre l'abandon.

En réalité, on le voit, dans les situations d'étouffement comme dans celles générant un sentiment de rejet ou d'abandon, il y a des séparations psychologiques qui, si on leur accordait toute l'attention qu'elles méritent, pourraient permettre d'éviter les ruptures. Ce n'est pas toujours le cas, bien sûr.

LA RUPTURE : SOLUTION, TRAUMATISME OU ILLUSION

Certains conjoints se sentent incapables d'envisager une rupture. Ils sont prêts à se soumettre entièrement à l'autre ou à accepter l'inacceptable pour éviter tout conflit qui mènerait à l'issue fatale. Bien sûr, ils pourraient avoir à traverser des moments difficiles pour reconquérir leur individualité, développer leur autonomie, apprendre à s'aimer et à se passer d'un autre. Mais plus ils restent longtemps dans des relations de soumission ou d'abus, plus ils gaspillent les forces mêmes dont ils auraient besoin pour y arriver : l'estime de soi, le sentiment de compétence, la confiance dans les autres, notamment.

Bien souvent, si une personne ne trouve pas les forces nécessaires à la rupture, elle détruira la relation de l'intérieur et se détruira elle-même. Cela pourra s'exprimer par une rage à l'égard du partenaire qui représente la prison dans laquelle elle s'enferme elle-même. Ou bien par la dévalorisation de soi comme de l'autre. Ou bien par toutes sortes de manipulations, conscientes ou non, utilisées comme moyens de retenir celui ou celle qui veut partir : on a vu des conjoints brandir la menace du suicide pour tenter d'éviter une rupture. Dans de telles conditions, la relation pourra durer, l'amour certainement pas.

Si la rupture reste parfois la seule solution, elle peut aussi représenter l'illusion d'un « après » meilleur. Dans la décision de rompre, on devrait se questionner sur ce que l'on veut quitter *et* sur ce que l'on recherche. Trop souvent, la décision repose sur une volonté de mettre fin à un malaise ressenti de manière aiguë ou qui s'est installé sournoisement au fil du temps. On ne veut plus ou on ne peut plus le supporter. Mais la compréhension de cette sensation pénible nous échappe encore. Nous savons à quel point elle mérite d'être regardée de près pour en identifier les différents aspects. Si un changement s'avère nécessaire, encore faut-il savoir ce qu'il faut changer : quelles sont les causes du problème et comment les corriger pour obtenir l'effet recherché ? Certes, rompre engendre d'importants bouleversements, encore faut-il que ce soit dans la direction souhaitée.

La rupture est essentielle lorsque la poursuite de la relation comporte des risques pour l'intégrité physique ou psychologique d'une personne. De même, elle est pratiquement inévitable lorsqu'on peut conclure que la relation, comme système, contribue à renforcer des attitudes malsaines voire destructrices chez l'un ou l'autre des partenaires ou les deux, et que les prises de conscience et les tentatives de changement n'ont rien donné. De toute façon, cette décision n'est jamais banale dans la vie des individus en cause, comme dans celle de leur entourage, en particulier lorsqu'il s'agit de leurs enfants.

Elle a idéalement comme effet de diminuer les tensions et les conflits entre les partenaires. Elle peut même permettre à chacun de retrouver une harmonie intérieure. Mais les témoignages montrent bien qu'il ne faut pas confondre séparation physique et séparation psychologique : des couples divorcés depuis longtemps maintiennent un climat conflictuel ou sont habités par des sentiments de haine et de vengeance, de vide ou de tristesse, qui prouvent que, pour eux, la fin de la relation ne semble pas avoir entraîné les effets positifs escomptés. Ils ont rompu, mais ils ne sont pas séparés. Des nœuds de haine, de colère ou de chagrin les retiennent encore ensemble.

La rupture peut être une solution pour l'un et une source de détresse pour l'autre. À court terme. Car, en réalité, il est rare que l'un souhaite la fin d'une union qui aurait été bonne pour l'autre. De plus, les tentatives de celle ou celui qui est quitté de s'accrocher à tout prix à la relation contribuent plutôt à faire fuir l'autre. Dans un tel processus, il se pourrait bien qu'aucun des deux ne sache vraiment ce qu'il recherche, l'un dans ses efforts pour garder le lien, l'autre dans la séparation-fuite. La compréhension de ces motifs serait pourtant fort utile, non seulement pour qu'ils prennent la bonne décision, mais pour eux-mêmes et leurs prochaines rencontres.

La rupture est une illusion quand elle est recherchée pour ce qui est imaginé plutôt que pour ce qui est résolu ou envisagé à partir de ce que l'on connaît de soi et des autres : « Je serai plus heureux en célibataire… Je pourrai trouver un partenaire qui me conviendra mieux… » Nourrir le rêve qu'il existe quelque part un être qui saura maintenir exactement la distance dont j'ai besoin, sans négociation, qui m'aimera suffisamment pour répondre à toutes mes attentes, avec qui les problèmes se régleront sans que j'aie à m'affirmer, qui sera une assurance contre la rupture, serait une grave erreur. Pourtant, un tel discours, à mots à peine couverts, est souvent entendu. Seulement, voilà : la prochaine, le prochain ne font pas encore partie de la réalité. Lorsque je le rencontrerai, je devrai composer avec des insatisfactions et des frustrations, différentes peut-être, les mêmes peut-être. « Je la quitte parce qu'elle ne me comble pas sexuellement » pourrait bien être suivi de : « Je ne rencontre personne qui réponde à tous mes besoins, sexuellement, après les premiers moments passionnés. »

La rupture repose sur une illusion lorsqu'elle devient une manière de faire l'économie du changement : plutôt que de transformer en moi ce qui serait nécessaire pour établir une relation satisfaisante, je préfère chercher un nouveau partenaire. Il est à prévoir que je serai entraîné dans une quête sans fin, tant et aussi longtemps que je n'aurai pas le courage de voir que le problème est en moi. L'argument « Je ne suis pas capable d'être heureux avec elle », dont le sens réel est : « Je ne suis pas capable d'être heureux », provoquera une rupture qui ne pourra m'apaiser. Car « L'autre ne me rend pas heureux » peut refléter mon incapacité personnelle à apprécier ce qui est là. De même, la phrase : « C'est trop compliqué, je passe à autre chose, à quelqu'un d'autre » peut révéler ma propre difficulté à nommer et à résoudre mes problèmes interpersonnels.

LA RUPTURE : ÉVÉNEMENT OU ABOUTISSEMENT ?

La dissolution d'un couple est souvent présentée comme un événement bien délimité dans le temps : un soir, elle est arrivée et elle a affirmé qu'elle n'en pouvait plus, qu'elle voulait se séparer. Ou bien, il a rencontré quelqu'un d'autre, ce qui a provoqué la rupture. Il est plus que probable que le « Je n'en peux plus » et le « J'ai rencontré quelqu'un d'autre » soient des manifestations de ce qui était présent et peut-être même perceptible, depuis longtemps, dans la vie de ce couple.

Richard et Hélène (chapitre 1) continuent de vivre ensemble et d'être heureux. Richard a cependant tiré la sonnette d'alarme : tout en respectant sa carrière, il souhaiterait qu'Hélène garde davantage de temps libre pour eux. Hélène reçoit le message et dit le désirer aussi, mais elle ne passe pas à l'action. Sans trop s'en rendre compte, Richard se sent dévalorisé. Il interprète la passivité de sa partenaire comme un signe que la relation n'est pas une priorité pour elle. Plutôt que de revenir à la charge ou même de faire une proposition concrète dans le sens de son besoin, il cesse d'en parler. Hélène interprète son silence comme un signe de satisfaction : tout va bien. Elle travaille plus fort que lui, mais comme il fait beaucoup de sport, elle a cru qu'un équilibre était trouvé. Lors de ses randonnées à bicyclette, Richard a rencontré d'autres cyclistes dont l'une, en particulier, l'intéresse. Elle est jolie, mais Richard a souvent croisé de jolies femmes, depuis le début de sa relation avec Hélène, et il n'en a pas été ébranlé. Cette fois, c'est différent, il commence à ressentir un véritable attrait pour cette partenaire de randonnée.

« C'est plus fort que moi... »

Dans le cas d'une relation extra-conjugale, la question suivante est souvent posée : avons-nous le contrôle ou non sur le fait d'être attiré ? L'attrait est-il réellement plus fort que soi ? Ici, il faut rappeler que ce qui mène à la création d'une relation, si courte soit-elle, est un processus. Nous n'avons pas le contrôle sur les nombreuses rencontres que nous faisons, sur le fait d'être plus ou mois attiré, sur le fait que les autres se fassent plus ou moins séduisants. Mais nous avons la liberté de nourrir ou non ce processus. Et le choix de l'attitude s'enracine davantage dans notre relation actuelle avec notre conjoint que dans l'attrait d'une nouvelle rencontre.

Une première réaction de Richard pourrait s'exprimer ainsi : « Je me sens attiré, je nourris des fantasmes, je me convaincs que la vie peut bien offrir des petites parenthèses… Je me rends disponible, je goûte le plaisir d'être séduit, je facilite les contacts et, effectivement, "ça devient plus fort que moi". » En même temps, il se met à comparer Hélène à sa nouvelle flamme, particulièrement dans l'attention qu'elle lui porte et dans ce qu'il ressent à ses côtés. Il projette un regard critique sur sa vie de couple, sur la distance et la routine qui s'y sont installées. Il commence à penser à la rupture, qu'il serait en droit de justifier par un : J'ai rencontré quelqu'un d'autre, c'est plus fort que moi. »

Une autre attitude s'offre pourtant à Richard : « Je me sens attiré, je me demande ce qui se passe… Je prends conscience que l'autre me plaît physiquement ou autrement, mais surtout que j'apprécie l'attention qu'elle me porte. » En même temps, il prend la mesure de la valeur de sa relation avec Hélène, de tout ce qu'elle représente pour lui, du risque que lui fait courir son attirance pour la cycliste. Il fait le choix de parler à Hélène de ce qui lui manque, de ses frustrations. Il décide de ne pas nourrir le processus pendant qu'il en est encore temps, c'est-à-dire avant que « ça ne soit plus fort » que lui.

Le fait d'être attiré par une autre personne que le conjoint nous met généralement en conflit avec nous-même : nous sommes engagé dans une relation à laquelle nous tenons et pourtant, nous sommes attiré ailleurs. La tentation peut être grande de résoudre le conflit intérieur en accablant le couple : rien ne va plus, nous n'avons plus de plaisir ensemble, nous ne nous aimons plus. La chose est facile : il suffit de monter en épingle les moments creux et de rabaisser ceux qui sont agréables. En même temps, sans nous en rendre compte, nous commençons à faire en sorte qu'il y ait de moins en moins de bons moments. À partir de là, il sera facile de démontrer ce que nous proclamions. Richard pourrait facilement en venir à la conclusion que, pour Hélène, il n'y a que sa carrière qui compte, que tant qu'à faire des activités sportives seul, aussi bien les faire avec une femme qui les apprécie aussi… Il pourrait trouver Hélène moins belle, moins attirante, trop égoïste. C'est pourtant la même Hélène qu'il était si heureux de retrouver, il y a peu de temps encore !

Dans un autre cas de figure, Richard pourrait, tout en reconnaissant ses insatisfactions, leur donner l'importance relative qu'elles méritent. Il pourrait se rappeler ce à quoi il tenait tant, il n'y a pas si longtemps. Tout en reconnaissant son attrait pour une autre femme, il pourrait décider qu'il est temps plus que jamais de multiplier les bons moments avec Hélène. Hélène a, elle aussi, une marge de manœuvre, des choix à faire, des attitudes à adopter qui pourront ou non sauvegarder la relation à laquelle elle tient.

Il arrive souvent que le partenaire inquiet de perdre l'autre transforme son inquiétude en mauvaise humeur. Celle-ci finira par donner des raisons supplémentaires de partir à celui ou celle qui ne demande pas mieux que de se justifier : rebuté par la froideur d'Hélène, Richard se dit qu'il ferait mieux d'aller retrouver la cycliste qui, elle, ne lui fera pas de reproches. Bien sûr, il est difficile de se montrer sous son meilleur jour quand on se sent menacé de perdre la personne que l'on aime. Il importe cependant de mesurer l'effet négatif d'une telle attitude et de devenir un peu plus stratégique dans la défense de son territoire. Sinon, on pourrait bien contribuer à ce que l'on veut éviter. La multiplication des blâmes et des plaintes ne fait pas partie des moyens efficaces pour ramener l'autre au nid. L'affirmation ferme que l'on ne tolérera pas la tricherie, accompagnée de la recherche de moments agréables, se révélera beaucoup plus efficace. De cette façon, se renforcera chez l'un comme chez l'autre le sentiment qu'un lien précieux existe, que quelque chose est encore bien vivant entre les deux.

« Je n'en peux plus... »

Le « Je n'en peux plus » apparaît plus clairement comme une étape d'un processus. Il manifeste que le point de non-retour a été précédé de tentatives plus ou moins efficaces de résoudre les problèmes, à l'intérieur du cadre du couple. Si c'est le cas, la rupture se fera avec moins d'ambivalence et sera suivie de moins de regrets.

Certaines personnes se décrivent ainsi : « Je suis très patiente, mais quand c'est assez, c'est assez ! » Ce qui revient à dire que l'autre ferait mieux de deviner ce qu'il faut changer, et de le faire rapidement, sinon l'arrêt de la relation sera la seule solution, car elles « n'en pourront plus ». Si elles n'en peuvent plus, c'est qu'avant, elles en pouvaient encore. Elles ont donc toléré l'intolérable ou bien elles ont rêvé leur relation plutôt que de la vivre. La rupture est alors recherchée dans l'espoir plus ou moins avoué, et même plus ou moins conscient, que la prochaine ou le prochain devinera à quel moment le seuil à ne pas dépasser est atteint.

S'il continue de garder le silence sur le sentiment d'être négligé que lui fait vivre Hélène, Richard arrivera probablement à se dire : « Je n'en peux plus ! » Il se basera sur ses efforts déjà anciens pour tenter de résoudre le problème, mais surtout sur son monologue intérieur et ses émotions négatives actuelles. Or, il est facile d'imaginer, lorsqu'on vit en couple, que l'autre sait ce que nous vivons intérieurement. Nous pouvons croire qu'il est indifférent à notre malaise, et même qu'il nous veut du mal. Ces croyances faussent la perception, car l'autre, faut-il le rappeler, ne vit pas les choses de la même façon que nous. Il n'a pas forcément l'attitude ou le sentiment que nous sommes tentés de lui reprocher.

DES RUPTURES QUI N'EN FINISSENT PLUS

Certaines relations n'en finissent plus de finir. On réessaie, on s'explique, on s'aime, on se déteste, mais rien ne change. Ces tergiversations ne permettent que d'éviter ou de repousser la rupture définitive. Elles sont le signe d'une incapacité à se séparer de l'autre, d'un besoin de régler des comptes avec cette personne, mais aussi avec toutes celles qu'elle représente, ou d'une peur panique de se retrouver seul. Sans une réelle prise de conscience de ce qui se passe, aucun des conjoints n'arrivera à trouver satisfaction, ni dans la relation ni dans la séparation.

Oser se remettre en question pourrait permettre de trouver le chemin d'une solution : qu'est-ce que je cherche à retrouver ? Cela a-t-il vraiment existé dans notre couple ? Est-ce réaliste d'espérer le récupérer ? Qu'est-ce qui donnerait une chance à la relation d'aller mieux ? Est-ce que l'autre est véritablement prêt à changer ? Qu'est-ce que je suis prêt à transformer, de mon côté ? N'oublions pas de tenir compte de l'expérience passée : les mêmes conditions, appliquées aux mêmes personnes, ont de fortes chances de produire les mêmes effets. On peut bien avoir en tête la personne que l'on souhaiterait être, mais il serait plus utile de planifier et de faire ses choix en fonction de celle que l'on est réellement. Si l'on arrive à identifier les conditions, les attitudes ou les comportements à modifier pour redonner une chance à la relation, il faut aussi s'offrir les moyens d'y parvenir et avoir des attentes réalistes. La pensée magique, ici comme ailleurs, ne peut apporter que désenchantement et répétition des situations.

Augustin et Julie-Anne ont rompu plusieurs fois, et toujours pour la même raison : Augustin n'arrivait pas à garder un emploi. Chaque démission ou congédiement forçait Julie-Anne à prendre en charge toute la famille. Elle lui reprochait d'être irresponsable, de ne pas faire d'efforts ou de tolérer mal les frustrations inhérentes au travail. Elle avait l'impression qu'il abusait d'elle. La rupture n'apportait pas davantage de réconfort à Julie-Anne, mais elle avait au moins l'impression de ne pas prendre sur elle le poids de son amoureux et, surtout, de se respecter. Par trois fois, elle l'a mis à la porte puis repris parce qu'il s'était trouvé un nouveau travail qui, cette fois-ci, devait durer. Mais c'était toujours la même chose. Finalement, elle s'est dit : « Si je retourne avec lui, ce sera parce que j'accepte qu'il travaille de manière discontinue. Compte tenu de l'expérience passée, c'est ce qui risque de se reproduire. De toute évidence, les ruptures ou menaces de rupture ne sont pas efficaces... à long terme. » Julie-Anne et Augustin se sont finalement entendus sur toutes les responsabilités autres que financières qu'il devait assumer. Il a été dit clairement que, s'il ne travaillait pas, elle subviendrait aux besoins des enfants, mais plus à ses besoins à lui. Augustin, pour sa part, a décidé d'aller consulter un orienteur professionnel pour tenter d'identifier son problème par rapport au travail et trouver des solutions durables. Ces nouvelles données pourraient entraîner de nouveaux résultats.

Il est souvent difficile de comprendre pourquoi telle personne, qui a tant souffert au sein d'un couple, résiste tellement à une rupture. Rappelons-nous que l'intensité du lien ne se mesure pas seulement en proportion du bonheur de l'union. Les expériences difficiles au quotidien ou les torts que l'un a causés à l'autre font paradoxalement partie de la force de l'attachement. Or, il ne s'agit pas uniquement de la perte d'une personne, mais de la perte d'une relation. L'angoisse du vide, du manque de sens, peut pousser quelqu'un à s'accrocher à ce lien, même quand celui-ci est destructeur. Il faudra alors porter son attention, non seulement sur les comportements de l'un ou de l'autre partenaire, mais sur l'impact de la dynamique : quel est l'effet de cette relation sur moi ?

DES RUPTURES À RÉPÉTITION

Certaines personnes sont entraînées, bien malgré elles, dans des ruptures à répétition. Elles ne recherchent pas volontairement de tels scénarios, mais on peut penser qu'elles sont en quête de quelque chose que la relation ne peut apporter. Il en résulte une suite de déceptions. Si, par exemple, l'aventure amoureuse est attendue comme confirmation de sa propre valeur et que seuls les moments intenses de séduction et d'extase réussissent à combler ce besoin, la déception ne peut manquer d'arriver au bout d'un certain temps, avec le besoin de recommencer ailleurs.

On se rappellera Jean (chapitre 2), qui était complexé par sa petite taille et qui trouvait une double satisfaction dans le fait de séduire de belles femmes : se sentir choisi par elles et susciter le respect de son entourage. Mais il finissait par s'ennuyer : toutes ces femmes n'étaient pas sans valeur, mais il n'arrivait pas à trouver ce qu'il cherchait. En réalité, il n'était pas en quête d'amour, ni de complicité ni d'attachement, mais d'une réparation de son manque d'estime de lui-même. Après une série de ruptures, il s'est retrouvé avec un fort sentiment de vide que la séduction n'était pas arrivée à combler, il le reconnaissait. Aussi douloureuse que puisse être cette prise de conscience, elle fut le début de la solution. Il a consulté un psychologue pour tenter de comprendre ce qui l'empêchait d'être heureux avec les femmes. La thérapie a porté sur ce qui l'empêchait d'être heureux, globalement. Jean a développé son estime de lui-même par d'autres moyens que la séduction et il est finalement arrivé à lever l'obstacle qui l'empêchait de développer une relation amoureuse pour elle-même.

Poursuivre une relation avec la même personne, pendant longtemps, exige que l'on puisse faire la synthèse du positif et du négatif chez l'autre comme chez soi. Le lien amoureux nous atteint jusque dans les zones les plus sensibles de notre être. Les attentes déçues de même que les remises en question entraîneront des émotions intenses. Si la haine est déclenchée par les frustrations, au point que tous les bons côtés de l'autre disparaissent et qu'il est perçu comme totalement mauvais, dès qu'il n'est pas totalement bon, il devient nécessaire de le repousser hors du champ de l'amour. Ce n'est plus une simple réaction à la frustration, c'est de la rage. Comment l'apaiser autrement que par le rejet, la rupture ? Ce mécanisme de clivage, par lequel le monde est divisé en « bons » et en « méchants », peut aussi avoir pour conséquence que, dans un conflit, la seule façon que nous ayons de continuer à nous percevoir comme « bon » soit de nous convaincre que l'autre est entièrement « méchant ». La rupture est alors envisagée pour confirmer cette division. Nous avons tous entendu des démonstrations sans fin des torts de l'autre pour appuyer une décision de rompre. Il semble pourtant que cette énumération n'arrive pas vraiment à soulager celle ou celui qui se plaint : au fond de lui-même, il sait bien que ces torts existent, mais qu'ils n'expliquent pas tout.

SURVIVRE À LA RUPTURE OU MOURIR D'AMOUR

On meurt d'amour davantage dans les poèmes et les chansons que dans la vie, heureusement. Bien sûr, au début d'une histoire amoureuse, les partenaires ont tendance à croire qu'ils ne pourraient plus vivre l'un sans l'autre, mais dans les faits, ils le peuvent. La rupture reste cependant une source de douleur profonde, et ce, pour certains plus que pour d'autres.

Jacob, le mari d'Annabelle, a été le mari idéal pendant plus de vingt ans. Ils ont eu des enfants qu'il a aimés et avec lesquels il s'est impliqué pleinement. Les amies d'Annabelle lui disaient souvent qu'elle avait trouvé l'homme idéal. Elle le croyait aussi : ils étaient heureux ensemble, tant en famille que dans leurs activités de couple. Jacob a eu l'occasion de prendre une retraite anticipée. Il s'est retrouvé avec une importante somme d'argent et une grande indépendance : les enfants avaient grandi, il était libre et il n'avait que 50 ans. Peu de temps après le décès de son meilleur ami, il s'est acheté une moto et s'est joint à un groupe de motocyclistes plus jeunes que lui. Il s'est rasé la tête et s'est accroché une boucle à l'oreille : la transformation était étonnante. Au début, Annabelle a pris la chose avec humour et parlait de « la crise d'adolescence » de son mari. Elle lui rappelait de temps en temps qu'il lui fallait revenir un petit peu dans la réalité de leur groupe d'âge, de leurs occupations et même de leurs responsabilités. Jacob est resté sourd à ses appels, bien plus, il lui a annoncé qu'il vivrait dorénavant au jour le jour, que toute sa vie il avait été raisonnable et qu'il voulait profiter pleinement de son temps avant de mourir. Quelques semaines plus tard, il reconnaissait qu'il avait une liaison avec une femme de son nouveau groupe d'amis. Mais, disait-il, ce n'était pas important; il ne voulait pas quitter Annabelle pour une autre, il voulait changer de vie.

Annabelle a d'abord refusé d'y croire. Elle a tenté de convaincre Jacob que ce n'était qu'une réaction passagère à tous les changements occasionnés par la retraite et la perte de son meilleur ami. Il devrait aller consulter un psychologue, pour une thérapie individuelle ou de couple. Jacob a rejeté toutes ces explications et solutions. Annabelle a dû admettre qu'elle n'avait pas le contrôle sur Jacob, et que la vie qu'il voulait mener était incompatible avec leur relation. Elle s'est sentie rejetée, humiliée, comme si elle était comparée défavorablement à « cette gang de jeunes débraillés ». Elle s'est mise à douter de tout ce qu'ils avaient vécu ensemble : « Il me semblait heureux et il était malheureux tout ce temps ? » Heureusement, Jacob a eu la sagesse de ne pas renier les choix qu'il avait faits pendant des années. Il a été capable de manifester ce qu'il avait aimé de cette vie avec elle et avec leurs enfants.

Jacob avait été élevé par sa mère et abandonné très jeune par son père alcoolique. Il s'était juré de ne jamais faire cela à une femme et à des enfants. Il a tenu promesse… pour un temps. L'homme idéal qu'il est devenu, tout au long de sa relation avec Annabelle, lui ressemblait, mais pas totalement. Il ne se permettait aucune folie, de peur de dépasser les bornes. Il ne buvait pas, de peur de trop boire. Il travaillait fort, de peur de se laisser aller à la paresse ou au désordre. Il ne sortait jamais sans sa conjointe, de peur d'être attiré par une autre femme.

Annabelle a d'abord eu une réaction de révolte par rapport à la rupture. Ensuite, elle a vu comme des prétextes les « belles » explications que Jacob donnait pour justifier une simple aventure sexuelle. Elle lui en a voulu à mort. Puis elle a compris qu'elle ne pourrait pas le convaincre de revenir sur sa décision. Elle s'est mise à considérer ce qu'elle perdait, à accepter la tristesse, à envisager de vivre sans cette relation. Comme elle ne voulait pas entendre les phrases toutes faites habituelles : « Ça lui passera... Il n'en vaut pas la peine... Les hommes sont tous pareils ! », il lui était très difficile de trouver quelqu'un à qui se confier. Mais elle était restée en contact avec une amie d'enfance et a trouvé en elle une confidente capable de l'écouter sans juger personne. Elle a demandé à Jacob de lui laisser le temps nécessaire pour procéder à la réorganisation matérielle de sa vie. Elle voulait aussi voir clair dans ses désirs et ses besoins actuels. Ce fut une étape importante : elle était sortie de la simple réaction à la perte. Elle prenait le contrôle de sa vie « après », en dehors de sa relation avec Jacob. Elle transformait le « Que vais-je devenir ? » en « Que vais-je faire de cette nouvelle tranche de ma vie ? »

De tout ce qui précède, nous pouvons déduire que nous aurons d'autant moins de peine à nous remettre d'une rupture que nous aurons pu maintenir notre individualité à l'intérieur du couple. Le fait d'avoir mené à bien le processus fusion-séparation-individuation, non seulement dans l'enfance, mais dans la reprise de ce cycle que constitue l'histoire amoureuse, offre un avantage indéniable. Celui ou celle qui, dans le couple, aura vécu une relation et non une fusion, qui aura su s'affirmer, qui aura maintenu des liens satisfaisants avec sa famille, ses amis, ses collègues, qui se sera investi dans son travail ou dans d'autres projets personnels, traversera plus facilement cette étape douloureuse, c'est évident. La rupture, comme la relation, est teintée de ce que l'on est. Et les individus sont différents quant à la force de leur identité, la qualité de leur vie intérieure et la capacité d'être seul qui en découle, la confiance en soi et en la vie. C'est pourquoi des choix seront effectués avec plus ou moins de liberté, selon les personnes. La solitude sera finalement une occasion plus ou moins heureuse de reprendre contact avec soi-même, et la réorganisation de la vie affective, sociale et matérielle s'effectuera avec plus ou moins de succès.

Le cas d'Annabelle montre que pour apprivoiser ou réapprivoiser la solitude, il est nécessaire de s'accorder une période de transition. Particulièrement lorsque l'autre était très présent. Même lorsqu'il était absent, on savait qu'il rentrerait. Attention, apprivoiser la solitude ne veut pas dire s'isoler. Comme on l'a vu au chapitre précédent, la capacité d'être seul se développe et se maintient à partir des liens qui existent ou ont existé. Il sera plus facile de passer une soirée tranquille à la maison après avoir eu une bonne discussion avec un collègue ou être allé voir un film avec une amie.

Annabelle montre aussi que le fait de passer à l'action est bénéfique. Car c'est en agissant que l'on retrouve son sentiment d'efficacité personnelle et sa confiance en soi. En exerçant son pouvoir sur le monde extérieur et sur sa propre vie, on arrive à combattre les sentiments d'impuissance, parfois envahissants dans le contexte d'une rupture. Sortir de l'état de celle ou celui qui subit la décision de l'autre, pour devenir responsable de ses choix, permet d'installer la confiance en ses propres capacités. Il faut toutefois distinguer l'action de l'agitation. Gaspiller son énergie à courir partout, à dépenser temps et argent de manière désordonnée dans différentes aventures n'aide pas à construire la capacité d'être seul. Cette hyperactivité finira par épuiser la personne et pourra la disposer à des échecs d'autant plus douloureux qu'ils arriveront dans une période de doute et de reconstruction.

La pensée est une richesse. Si l'on fuit la solitude, si l'on se perd dans l'activité pour ne pas avoir à penser, on creuse de plus en plus en soi le vide que l'on cherchait à combler. Au contraire, l'alternance de moments de solitude et de contacts avec les autres, de repos et d'action, permet de revenir à soi-même et de développer sa vie intérieure. Une fois qu'on y aura goûté, il pourra même devenir difficile de s'en passer.

Il n'existe pas de stratégie qui permette d'éviter de souffrir. Il est cependant possible de faire en sorte que la douleur soit moins destructrice et devienne même constructive. Nous n'avons pas de contrôle sur les sentiments de l'autre. Nous n'avons pas le pouvoir, heureusement, de le forcer à poursuivre une relation qu'il veut quitter. Mais nous avons du pouvoir sur notre propre vie, et ce, après comme pendant la relation. Bien sûr, nous aurons de la peine. Nous serons sans doute angoissé devant l'inconnu et les nombreux changements auxquels il faudra nous adapter. Mais nous pourrons y arriver, si nous décidons de faire face et non de fuir, de nous laisser vivre nos émotions, de tenter de comprendre ce qui s'est passé, d'approfondir la connaissance de nous-même et le contact avec notre intériorité et de passer à l'action. Nous avons perdu un être que nous aimions comme partenaire amoureux. Nous avons perdu une relation. Mais nous ne nous sommes pas perdu nous-même.

En effet, les racines de notre capacité d'entrer en relation sont en nous et non dans l'autre ou dans notre dernière histoire d'amour, quelle que soit son importance. Notre identité pourra se trouver renforcée par une expérience qui nous aura permis de mieux nous connaître, de faire des choix plus constructifs ou moins nuisibles. Notre capacité d'attachement demeure. La rupture nous a déstabilisé, mais nous restons une personne capable d'aimer et maintenant d'une manière plus heureuse, peut-être. Notre capacité d'éprouver du désir est sans doute ébranlée pour un temps : il nous arrivera peut-être de désirer à nouveau celle ou celui qui ne nous attirait plus, justement parce qu'il s'éloigne, ou bien nous connaîtrons une période de désintéressement généralisé. Mais la capacité d'éprouver du désir n'appartient pas à l'autre, elle nous appartient. Et un jour, elle se manifestera de nouveau.

FAIRE SON DEUIL : TRANSFORMER UNE PERTE EN GAIN

Faire son deuil d'un lien amoureux signifie tout le contraire de nier la valeur de ce qui est perdu. Lors du décès d'un être cher, il ne nous viendrait pas à l'esprit de le diminuer ou de nier ce qu'il nous a apporté de bon. Il en va de même pour la perte d'une relation amoureuse : le fait de dénigrer l'autre ne nous permettra pas d'éviter la douleur inhérente à la rupture. Le ressentiment, la colère et l'agressivité sont pourtant souvent nourris, comme s'il fallait absolument s'épargner le chagrin. Or, la réalité la plus probable est que nous avons perdu une relation qui nous était chère, malgré tout, et que nous en souffrons. La tristesse n'est pas un sentiment agréable, mais toute tristesse n'est pas dépression. Chercher à l'éviter coûte que coûte fera plus de tort que de bien, car la peine nous met en contact avec nous-même et peut s'apaiser par des moyens authentiques et positifs. Il sera possible ensuite de passer à autre chose. Si, au contraire, nous nourrissons la rage, elle finira par nous habiter tout entier et nous fera souvent plus de mal qu'à l'autre, à qui nous en voulons tant. Nous nous priverons alors de tout ce qui pourrait nous faire du bien, y compris l'évocation de ce qu'il y a eu de bon en l'autre et dans cette relation. Les souvenirs heureux, rappelons-le, sont réconfortants.

Lorsque les partenaires ont des enfants en commun, ils auront une tâche énorme à remplir : faire le deuil d'une relation, tout en restant liés l'un à l'autre dans ce qu'ils ont de plus cher. La préoccupation première des conjoints avec enfants qui pensent à rompre est, dans la plupart des cas, le bien-être des enfants. Il faut avoir en tête que ce dont ceux-ci ont le plus besoin, c'est que leurs parents leur permettent de continuer à les aimer l'un et l'autre. Dans la foulée des conflits qui préparent ou suivent la rupture, il arrive que l'adulte pourtant bien intentionné perde de vue la souffrance du petit (comme celle d'un autre adulte, d'ailleurs : grands-parents, belle-famille, etc.) qui entend critiquer l'un de ses parents. La rupture est toujours difficile pour un enfant. Elle peut éventuellement devenir bénéfique si elle a pour conséquence de diminuer les conflits dans la famille. Elle sera dramatique si elle augmente ou même maintient le niveau de conflit[31]. Lui dire que nous l'aimons et que nous sommes prêt à tout faire pour son bonheur et, du même souffle, discréditer son autre parent, la personne à qui il s'identifie autant qu'à nous, constitue un paradoxe évident, quand on regarde la chose à froid. Dans l'émotivité des premiers temps de la rupture, il peut arriver que notre comportement ne soit pas toujours en accord avec nos principes. C'est pourquoi il faut nous donner tous les moyens de protéger ceux et celles qui nous sont les plus chers des manifestations de notre révolte. Elle est pour nous une étape normale, au début du processus de deuil, mais elle ne devrait pas éclabousser ceux-là mêmes que nous voulons tant protéger.

Faire vraiment le deuil d'une relation permet de transformer les liens qui ont existé, non pas de les éliminer. Souvent, surtout si le couple a des enfants, les partenaires d'hier devront se revoir. Dans tous les cas, ils resteront unis l'un à l'autre par le souvenir, les expériences partagées, les sentiments vécus. Les liens physiques seront peut-être coupés, mais les liens psychologiques ne pourront pas disparaître totalement. Heureusement, car ces liens font maintenant partie de leur personne. Vouloir les renier, c'est créer le vide que les ex-conjoints cherchent justement à éviter. S'il y a une chose qui nous définit comme êtres humains, c'est bien la somme des liens que nous avons noués et dénoués dans notre vie. Si chaque fin d'union suscite la part de réflexion qu'elle mérite, si nous nous connaissons mieux et nous comprenons mieux, y compris dans nos attentes et nos refus, nous pouvons espérer que nos relations soient de plus en plus satisfaisantes. Si nous ne tentons pas de nier ce que nous avons vécu, mais nous en servons pour nous en nourrir, comme une chaîne d'expériences et de sentiments, nous pourrons aussi rester seuls sans nous sentir désespérément vides.

***

Ce regard sur la rupture, comme partie intégrante de l'histoire d'une relation amoureuse, vient rappeler que le désir de durer ne suffit pas pour donner à cette relation la longévité que nous souhaitons. Encore faut-il lui donner les conditions nécessaires pour qu'elle évolue dans le temps, de manière à répondre à nos aspirations. La capacité de trouver la bonne distance, le bon degré de séparation entre les personnes qui la vivent, demeure la meilleure garantie contre la rupture. Néanmoins, lorsque la rupture survient ou lorsqu'elle est choisie, elle nous prive de l'autre, bien sûr, mais pas de nous-même. Les racines de notre capacité d'aimer peuvent demeurer intactes ou même être renforcées. Car en faisant le deuil de cette relation, nous aurons fait la synthèse de tout ce que nous y avons vécu, pour en garder un souvenir enrichissant. La relation aura pris fin, mais notre vie amoureuse pourra continuer.

CONCLUSION

La dynamique amoureuse est complexe, et pour cause. Elle fait appel à ce qu'il y a de plus intime, non seulement chez un, mais chez deux êtres humains. À la complexité du fonctionnement psychologique de chacun s'ajoute celle de la relation. Pourra-t-on jamais en acquérir une compréhension totale ? Il est possible d'en douter.

De plus, aucune explication de l'une ou l'autre des particularités de la dynamique amoureuse ne vaut pour tous, de la même manière. Car les différences individuelles sont grandes, comme la psychologie nous l'apprend. Chaque jour, la pratique clinique et les observations de la vie courante viennent confirmer ce que la science a mis en lumière. Ce serait une erreur de ne pas en tenir compte. Ce sont d'ailleurs ces différences qui rendent la science, la pratique et la vie si intéressantes.

Tout au long de ce livre, j'ai eu le souci de proposer des pistes de réflexion plutôt que des réponses. J'ai la conviction que les solutions existent déjà à l'intérieur de la personne qui se pose les bonnes questions. C'est pourquoi j'ai surtout voulu inciter le lecteur et la lectrice à entrer en eux-mêmes. Notre monde nous pousse constamment à agir. Or, si l'action est indispensable au sentiment d'efficacité personnelle et à l'estime de soi, la réflexion doit à la fois la précéder, l'accompagner et la suivre. La précéder, pour nous guider vers les bons choix ; l'accompagner, pour nous permettre de nous réorienter au besoin ; la suivre, afin de nous faire bénéficier des fruits de chaque expérience : mieux nous connaître et comprendre davantage les autres et la vie.

Je souhaite avoir rappelé à chacun et à chacune son propre pouvoir sur sa vie amoureuse. Oui, il y a une part de hasard dans les rencontres que nous faisons, mais elle est minime. Ce qui compte, c'est le regard que nous portons sur le partenaire possible (ou impossible) et sur nous-mêmes. Oui, nos expériences passées nous ont influencés et même marqués, mais elles nous ont aussi laissé une bonne dose de liberté. Les transformations que nous avons accomplies dans notre fonctionnement et dans notre vie, avec ou sans thérapie, en font foi. N'avons-nous pas déjà surmonté certaines de nos peurs ? Ne sommes-nous pas déjà capables de satisfaire une bonne part de nos désirs ?

La première étape dans l'exercice de la liberté est la prise de conscience. La lecture d'un livre comme celui-ci peut y contribuer, me semble-t-il. Les images et les histoires que j'ai choisies pour illustrer certains phénomènes peuvent aider, je l'espère, à mettre des mots sur ce que chacun, chacune ressent sans parfois pouvoir l'exprimer. Ces exemples peuvent aussi faire arriver à la conscience des questions présentes en soi mais de manière diffuse, guider une démarche vers des réponses et engager dans des actions susceptibles d'apporter une plus grande satisfaction dans les relations.

C'est la vie elle-même qui nous apporte les meilleures occasions de nous remettre en question et de changer. Si nous ouvrons les yeux, nous pouvons saisir toutes les possibilités qui nous sont offertes. Si nous restons en contact avec nousmême, nous pourrons faire des choix authentiques. Si nous nourrissons nos relations avec les autres, nous nous enrichirons de ces multiples expériences. Car chaque rencontre, chaque expérience est une invitation à vivre pleinement.

REMERCIEMENTS

Je tiens d'abord à remercier mon éditeur chez Bayard Canada Livres, Jean-François Bouchard, qui a cru à ce livre dès qu'il a pris connaissance de la première ébauche du manuscrit. La confiance qu'il m'a inspirée ne s'est jamais démentie et son humour intelligent a agrémenté le travail. Je remercie aussi Lucie Côté, directrice de collection, qui a jeté les bases de cette collaboration et qui a suivi le projet dans son évolution.

Je veux exprimer ma pleine reconnaissance à Lise Lachance qui a fait plus que relire, réviser et corriger. Elle y a mis son cœur et m'a forcée à aller plus loin, chaque fois que c'était possible.

Je suis encore touchée par les confidences de tous ceux et celles qui, par leur histoire pourtant unique, m'ont permis de mieux saisir la nature humaine. Ils ont été ma source de motivation à comprendre toujours plus, pour aider toujours mieux.

Merci à mes collègues pour le développement et le partage des connaissances. Un merci particulier à ceux qui œuvrent à rendre accessibles la psychologie et les services psychologiques.

Merci à mes amis de toutes les époques pour les fruits de ces précieux moments à pratiquer mon sport favori : la conversation.

Je remercie ma famille pour ces racines que je connais, et apprécie de plus en plus, et pour ce mélange d'intimité et de complicité qui continue de nous unir. J'ai une pensée particulière pour ma mère et ma fille, chacune m'ayant permis d'aimer l'autre davantage.

Enfin, je remercie Gabriel pour notre union qui me permet d'être toujours plus vivante.

Ils m'ont tous habitée pendant la réalisation de ce livre.

NOTES

1. M. GLADWELL, *Intuition*, Montréal, Les Éditions Transcontinental, 2005.

2. F. ALBERONI, *Le choc amoureux*, Paris, Plon, Pocket n° 4081, 1979.

3. M.-F. HIRIGOYEN, *Les nouvelles solitudes*, Paris, Éditions La Découverte, 2007.

4. D.W. WINNICOTT, « Élaboration de la capacité de solitude », *Processus de maturation chez l'enfant*, Paris, Payot, 1970. *De la pédiatrie à la psychanalyse*, Paris, Payot, 1969.

5. J. BENJAMIN, *Les liens de l'amour*, Paris, Éditions Métailié, 1992.

6. Voir G. CORNEAU, *Père manquant, fils manqué*, Montréal, Éditions de l'Homme, 2003 ; C. OLIVIER, *Les fils d'Oreste*, Paris, Flammarion, 1994, édition de poche, 2006.

7. M. BRILLON, *Le labyrinthe de la féminité*, Montréal, Alain Stanké, 1986.

8. J. BENJAMIN, *Op. cit.*

9. G. CLERK, « La féminisation de la psychologie : enjeux scientifiques et professionnels », *Revue québécoise de psychologie*, vol. 15, n° 1, 1994, p. 27-53.

10. J. BOWLBY, *Attachement et perte*, vol. 1, *L'attachement*, Paris, PUF, 1978 ; M.D.S. AINSWORTH, M.C. BLEHAR, W. WATERS et S. WALL, *Patterns of Attachment : A Psychological Study of the Strange Situation*, Hillsdale, N.J., Lawrence Erlnbaum Associates, 1978.

11. M.D.S. AINSWORTH et autres, *Op. cit.*

12. M.D.S. AINSWORTH et autres, *Op. cit.*

13. C. HAZAN et P. SHAVER, « Romantic love conceptualized as an attachment process », *Journal of Personality and Social Psychology*, vol. 57, 1987, p. 511-524 ; R.-M. CHAREST, « La dépendance amoureuse : étude clinique », *Revue québécoise de psychologie*, vol. 13, n° 3, 1992.

14. Montréal, Éditions internationales Alain Stanké, 1986.

15. J. BENJAMIN, *Op. cit.*; M. BRILLON, Op. Cit.

16. R.J. STERNBERG, « A triangular theory of love », *Psychological Review*, 93, 1986, p. 119-135.

17. F. ALBERONI, *Op. cit.*, 1979.

18. L. DUBÉ, S. KAIROUZ et M. JODOIN, « L'engagement : un gage de bonheur? », *Revue québécoise de psychologie*, vol. 18, n° 2, 1997.

19. D.W. WINNICOTT, « La distorsion du Moi en termes de Vrai et de Faux Soi », *Bulletin de l'Association psychanalytique de France*, n° 5, 1969, p. 90-106.

20. M. KLEIN, *Envie et gratitude, et autres essais*, Paris, Gallimard, 1978.

21. M.-F. LAFONTAINE et Y. LUSSIER, « Structure bidimensionnelle de l'attachement amoureux : anxiété face à l'abandon et évitement de l'intimité », *Revue canadienne des sciences du comportement*, vol. 35, n° 1, 2003, p. 56-60.

22. M. KLEIN et J. RIVIERE, *L'amour et la haine*, Paris, Petite Bibliothèque Payot, 1968.

23. STATISTIQUE CANADA, *Tendances sociales canadiennes*, été 2006.

24. Voir M. MALHER, *Naissance psychologique de l'être humain*, Paris, Payot-Rivages, 1990.

25. M.-F. LAFONTAINE et Y. LUSSIER, *Op. cit.*, p. 56-60.

26. J.-M. BOISVERT et M. BEAUDRY, *S'affirmer et communiquer*, Montréal, Éditions de l'Homme, 1979.

27. F. SICURO, « Les troubles du désir sexuel hypoactif : le plus grand défi », *Psychologie Québec*, vol. 16, n° 5.

28. J.M. GOTTMAN et C.I. NOTARIUS, « Decade review : Observing marital interaction », *Journal of Marriage and the Family*, 62, 2000, p. 927-947. Voir le site : www.gottman.com.

29. INSTITUT DE LA STATISTIQUE DU QUÉBEC, *La situation démographique au Québec, Bilan 2005*, Québec, 2006.

30. M. LAMARRE et Y. LUSSIER, « Conflits et ruptures conjugales : les psychologues se prononcent », *Psychologie Québec*, vol. 24, n° 1, 2007.

31. M. MAHLER, *Op. cit.*

32. F. CYR et G. CAROBENE, « Le devenir des enfants de parents séparés/divorcés : bilan d'une réalité complexe », *Familles en transformation – La vie après la séparation des parents*, D. Turcotte et M.C. St-Jacques (éds), Québec, Les Presses de l'Université Laval, 2004, p. 3-31.

CHOIX BIBLIOGRAPHIQUE

AINSWORTH, M.D.S., M.C. BLEHAR, W. WATERS et S. WALL, *Patterns of Attachment : A Psychological Study of the Strange Situation*, Hillsdale, N.J., Lawrence Erlnbaum Associates, 1978.

ALBERONI, F., *Le choc amoureux*, Paris, Plon, Pocket n° 4081, 1979.

BENJAMIN, J., *Les liens de l'amour*, Paris, Éditions Métailié, 1992.

BOWLBY, J., *Attachement et perte*, vol. 1, *L'attachement*, Paris, PUF, 1978.

BRILLON, M., *Le labyrinthe de la féminité – Entre père et mère, une femme se construit*, Montréal, Éditions de l'Homme, 2008.

CARRERE, S., et J. GOTTMAN, « Predicting Divorce Among Newlyweds from the First Three Minutes of a Marital Conflict Discussion », *Family Process*, vol. 38, n° 3, 1999, p. 293-301.

CHAREST, R.-M., « La dépendance amoureuse : étude clinique », *Revue québécoise de psychologie*, vol. 13, n° 3, 1992.

CLERK, G., « La féminisation de la psychologie : enjeux scientifiques et professionnels », *Revue québécoise de psychologie*, vol. 15, n° 1, p. 27-53.

CORNEAU, G., *Père manquant, fils manqué*, Montréal, Éditions de l'Homme, 2003.

CSIKSZENTMIHALYI, M., *Vivre – La psychologie du bonheur*, Paris, Éditions Robert Laffont, 2004.

CYR, F., et G. CAROBENE, « Le devenir des enfants de parents séparés/divorcés : bilan d'une réalité complexe », *Familles en transformation – La vie après la séparation des parents*, D. Turcotte et M.C. St-Jacques (éds), Québec, Les Presses de l'Université Laval, 2004.

CYRULNIK, B., *Les nourritures affectives*, Paris, Éditions Odile Jacob, 1993.

DUBÉ, L., S. KAIROUZ et M. JODOIN, « L'engagement : un gage de bonheur ? », *Revue québécoise de psychologie*, vol. 18, n° 2, 1997.

FIRESTONE, R.W., et J. CATLETT, *Fear of intimacy*, Washington, American Psychological Association, 1999.

FISHER, H., *Histoire naturelle de l'amour – Instinct sexuel et comportement amoureux à travers les âges*, Paris, Éditions Robert Laffont, S.A., 1994.

GLADWELL, M., *Intuition*, Montréal, Les Éditions Transcontinental, 2005.

GOTTMAN, J.-M., et C.I. NOTARIUS, « Decade review : Observing marital interaction », *Journal of Marriage and the Family*, 62, 2000, p. 927-947.

GREENBERG, L.S., et R.N. GOLDMAN, *Emotion-Focused Couples Therapy – The dynamics of Emotion, Love, and Power*, Washington, American Psychological Association, 2008.

HAZAN, C., et P. SHAVER, « Romantic love conceptualized as an attachment process », *Journal of Personality and Social Psychology*, vol. 57, 1987, p. 511-524.

HIRIGOYEN, M.-F., *Les nouvelles solitudes*, Paris, Éditions La Découverte, 2007.

KERNBERG, O.F., *Love relations – Normality and Pathology*, New Haven and London, Yale University Press, 1995.

KLEIN, M., *Envie et gratitude, et autres essais*, Paris, Gallimard, 1978.

KLEIN, M., et J. RIVIERE, *L'amour et la haine*, Paris, Petite Bibliothèque Payot, 1968.

LAFONTAINE, M.-F., et Y. LUSSIER, « Structure bidimensionnelle de l'attachement amoureux : anxiété face à l'abandon et évitement de l'intimité », *Revue canadienne des sciences du comportement*, vol. 35, n° 1, 2003, p. 56-60.

LAMARRE, M., et Y. LUSSIER, « Conflits et ruptures conjugales : les psychologues se prononcent », *Psychologie Québec*, vol. 24, n° 1, 2007.

MALHER, M., *Naissance psychologique de l'être humain*, Paris, Payot-Rivages, 1990.

MCDOUGALL, J., *Éros aux mille et un visages – La sexualité humaine en quête de solutions*, Paris, Gallimard, coll. Connaissance de l'inconscient, 1996.

MILLER, A., *Le drame de l'enfant doué. À la recherche du vrai soi*, Paris, PUF, 1983.

MILLER, A., *L'avenir du drame de l'enfant doué*, Paris, PUF, 1996.

NORWOOD, R., *Ces femmes qui aiment trop*, Montréal, Éditions internationales Alain Stanké, 1986.

OLIVIER, C., *Les fils d'Oreste*, Paris, Flammarion, 1994, édition de poche, 2006.

SICURO, F., « Les troubles du désir sexuel hypoactif : le plus grand défi », *Psychologie Québec*, vol. 16, n° 5.

STERNBERG, R.J., « A triangular theory of love », *Psychological Review*, 93, 1986, p. 119-135.

WINNICOTT, D.W., *De la pédiatrie à la psychanalyse*, Paris, Payot, 1969.

WINNICOTT, D.W., « La distorsion du Moi en termes de Vrai et de Faux Soi », *Bulletin de l'Association psychanalytique de France*, n° 5, 1969, p. 90-106.

WINNICOTT, D.W., « Élaboration de la capacité de solitude », *Processus de maturation chez l'enfant*, Paris, Payot, 1970.

WINNICOTT, D.W., *La nature humaine*, Paris, Gallimard, coll. Connaissance de l'inconscient, 1990.

WRIGHT, J., *La survie du couple – Une approche simple, pratique et complète*, Montréal, Les éditions La Presse, 1985.

WRIGHT, J., Y. LUSSIER et S. SABOURIN, *Manuel clinique des psychothérapies de couple*, Québec, Les Presses de l'Université du Québec, 2008.

Table des matières

INTRODUCTION 9

PREMIÈRE PARTIE
LA RENCONTRE 13

CHAPITRE 1
Les jeux de l'attrait 15

Les yeux ouverts 20

   Rencontre de hasard ou démarche volontaire 20

   Au café ou au club sportif? 21

   Le langage du corps 22

   Les impondérables de la rencontre 24

Les yeux ouverts sur l'intérieur 25

   Il y a motivation et motivation 25

   Qu'est-ce que je recherche? 27

   Voir avec les yeux de la peur 29

      Les aléas de l'interprétation 30

      Les peurs plus ou moins conscientes 32

      Peur ou désir de recommencer? 33

Les yeux ouverts pendant et après la rencontre 38

   Le contact 38

   Du bien-être 39

   De la curiosité 41

   La capacité de changer 41

   La personne et la relation 43

   Des rencontres vouées à l'échec? 45

   Des rencontres prometteuses 48

      La passion ou la relation? 49

      Suis-je prêt ou prête? 50

CHAPITRE 2
Comment se forge la capacité d'entrer en relation? 55
  L'identité 56
    La construction de l'identité 57
    Les bienfaits de la construction d'une identité solide 59
      La capacité d'être seul 59
    Les signes d'une identité trop peu solide 63
      La fuite 63
      Le partenaire comme honte ou valorisation 64
    La fausse identité 67
    La question particulière de l'identité sexuelle 71
      Identité sexuelle et égalité des sexes 73
      Mère ou femme 76
      La bisexualité psychique 78
  La capacité d'attachement 81
    Les styles d'attachement 83
      Le style confiant 86
      Le style évitant 87
      Le style anxieux-ambivalent 88
  La capacité d'éprouver du désir 89
    Qu'est-ce que le désir? 89
      Devenir l'autre 90
      Avoir l'autre 90
      Être avec l'autre 92
    La part de l'inconscient 92
    Comment se construit la capacité d'éprouver du désir?..... 93
      Le complexe d'Œdipe 94
      La reconnaissance du désir 97
    La complexité du désir féminin 97
      Face au désir de l'autre 98
      La tâche particulière de la fille 100
    La nécessité de faire des deuils 104
    L'authenticité du désir 105

Les obstacles à la connaissance de ses désirs 105

Désirs et croyances 106

Désirs et peurs 107

Le rôle de l'imaginaire 109

L'incapacité d'éprouver du désir 109

Un désir authentique 111

DEUXIÈME PARTIE
L'ÉVOLUTION DE LA RELATION 113

CHAPITRE 3
Les composantes de la relation 115

La passion 118

La place de l'imaginaire dans la passion 119

Des degrés dans la passion 120

L'intimité 122

Intimité et passion 122

La peur de l'intimité 123

Intimité et capacité d'ouverture 125

Intimité et partage du territoire 126

L'engagement 133

Une décision volontaire 133

Engagement et projets 135

CHAPITRE 4
Les changements et les crises 141

Qu'est-ce qui constitue une crise pour la relation ? 143

La relation comme facteur d'évolution 145

De l'amour de soi à l'amour de l'autre 147

Authenticité et intimité 147

Idéalisation et dévalorisation 150

Complicité et rivalité 154

**Les enjeux de l'attachement,
de l'amour et de la haine** 155

L'attachement 155

Amour et haine 157

TROISIÈME PARTIE
LE DÉSIR DE DURER 161

CHAPITRE 5
Pourvu que ça dure... 163

Les composantes du désir de durer 165

La joie d'aimer 165

La satisfaction sexuelle 167

La sauvegarde de l'intimité déjà créée 167

La part de l'inconscient 168

Des désirs contradictoires 170

Des peurs souterraines 171

Désir et peur de la fusion 173

Le désir de réparation 175

Le sabotage amoureux 177

Une relation à tout prix ? 180

**Les conditions de la durée
d'une relation satisfaisante** 182

Des attitudes favorables 182

Une vision d'ensemble 183

La capacité de communiquer 184

La sexualité comme langage 188

La résolution de problèmes 190

La capacité de se remettre en question et de changer 192

Le respect des différences 194

La curiosité 198

La sympathie 198

La fidélité 200

Conserver une certaine distance 201

Quelques conditions favorables 202

Les projets 202

Le réseau social 204

Les carrières 205

L'argent 208

CHAPITRE 6
La rupture 211
   Il y a séparation et séparation 212
      La séparation comme fondement de la personnalité 213
         Se séparer ou étouffer 215
         Se séparer ou être rejeté 216
   La rupture : solution, traumatisme ou illusion 218
   La rupture : événement ou aboutissement ? 222
      « C'est plus fort que moi... » 222
      « Je n'en peux plus... » 225
   Des ruptures qui n'en finissent plus 226
   Des ruptures à répétition 228
   Survivre à la rupture ou mourir d'amour 230
   Faire son deuil : transformer une perte en gain 235

CONCLUSION 239

REMERCIEMENTS 243

NOTES 245

CHOIX BIBLIOGRAPHIQUE 247

SITE INTERNET DE L'AUTEUR

www.rmcharest-conferences.com